INKA SCHMELING

ABENTEUER ELTERNZEIT

Ein Ratgeber über das Reisen
mit Baby und Kleinkind

Mit Illustrationen von Patrick Wirbeleit

Besuchen Sie uns im Internet:
www.beltz.de

Das Werk und seine Teile sind urheberrechtlich geschützt. Jede Nutzung in anderen als den gesetzlich zugelassenen Fällen bedarf der vorherigen schriftlichen Einwilligung des Verlages. Hinweis zu § 52 a UrhG: Weder das Werk noch seine Teile dürfen ohne eine solche Einwilligung eingescannt und in ein Netzwerk eingestellt werden. Dies gilt auch für Intranets von Schulen und sonstigen Bildungseinrichtungen.

1. Auflage 2010

© 2010 Beltz Verlag · Weinheim und Basel
Mitarbeit: Nina Schmidt
Umschlaggestaltung: Büro Hamburg, Anja Grimm
Umschlagabbildung: ©Brita Sönnichsen
Illustration: ©Patrick Wirbeleit
Satz und Herstellung: Nancy Püschel
Lektorat: Dominik Jäckel
Druck und Bindung: Druck Partner Rübelmann, Hemsbach
Printed in Germany

ISBN 978-3-407-85904-4

Inka Schmeling

Abenteuer Elternzeit

Über dieses Buch:
Immer mehr junge Eltern gehen während der Elternzeit mit ihrem Kind auf Reisen. Es ist eine intensive Zeit, in der man gemeinsam die Seele baumeln lassen kann, aber auch in einer ungewohnten Umgebung völlig neu als Familie zusammenwächst.
Junge Eltern haben Angst davor, mit kleinen Kindern nicht mehr unbeschwert reisen zu können. Dieser Ratgeber zeigt, dass die Sorge bei richtiger Planung unbegründet ist. Die Autorin nimmt die Leser mit auf ihre eigene Elternzeitreise: Gemeinsam mit dem neun Monate alten Nepomuk reisen sie und ihr Mann auf der Seidenstraße durch die Türkei, Syrien und den Iran.

Die Autorin:
Inka Schmeling schreibt als freie Journalistin in Hamburg unter anderem für die Magazine Merian, Stern, Brigitte, Zeit Wissen. Sie ist Absolventin der Henri-Nannen-Schule und Mitglied im Journalistenverbund Plan 17. Journalistische Auszeichnungen: Gabriel-Grüner-Stipendium (2004), NGG-Nachwuchsjournalistenpreis (2005), Vattenfall-Journalistenpreis (2006), Deutscher Studienpreis (2007).

Danke

An meine Mutter, die mir von Anfang an beigebracht hat, wie groß und schön die Welt ist.

An meinen kleinen Mann, der unfassbare Freude bringt. Unterwegs und daheim.

An meinen großen Mann, den allerbesten Weggefährten. Durch den Alltag und eines Tages mit Sicherheit bis ans Ende der Seidenstraße.

Inhalt

Vorwort 9

Ursula von der Leyen 13
Elternzeit & Elterngeld 16

Marco Polo 25
Reiseziele für Babys 28

Darum 35
Reisen aus Sicht des Babys 39

Tetris für Eltern 49
Reisevorbereitungen 52

Eine Prise Istanbul 63
Fliegen mit Baby 67

Unser Kind wird entführt 71
Andere Länder, andere Erziehung 75

Heiliger Spielplatz 83
Buggy, Tragetuch, Beutel 87

Nepomuk im Morgenland 95
Schlaf, Kindlein, schlaf 98

Beinahe: Mord im Orientexpress 103
Zug, Bus, Fähre, Wohnmobil 106

Geschenk für die Schwiegermutter 111
Schutz vor Sonne, Wind, Wasser, Kälte 116

Nicht anhalten! 123
Autofahren mit Baby 127

Mutter-Bandwurm **137**
Krank im Ausland **141**

Daheim in Damaskus **151**
In der Fremde zu Hause **154**

Syrische Mezze **161**
Ernährung auf Reisen **166**

Pavianarsch **177**
Paarzeit im Familienurlaub **180**

Besuch von Dr. Hipp **185**
Weitere Reisebegleiter **189**

No Problem **191**
Reisen statt PEKiP – was Babys unterwegs lernen **194**

Nachtflug und Nescafé **179**
Reisen aus Sicht der Eltern **202**

Schlüsselerlebnisse **207**
Reisen mit zwei und mehr Kindern **211**

Baby Schah **219**
Mit Baby in die Wildnis **224**

Tulpen in Teheran **233**
Familienreisen – Crashkurs für den Alltag **237**

Mitbringsel **241**

Nepomuk reist weiter **245**

Lesetipps **247**

Vorwort

In diesem Buch geht es darum, wie man mit Babys und Kleinkindern reisen kann. Vor allem aber geht es darum: Dass man mit Babys und Kleinkindern reisen kann.

Wirklich, das kann man, ich weiß das. Ich habe jetzt mehrere solcher Reisen hinter mir. Als Mutter und als Baby. Ich war gerade ein halbes Jahr alt, als meine Eltern mit mir zu meiner ersten großen Reise aufgebrochen sind. Damals, 1979, gab es noch keine Elternzeit. Meine Eltern hatten sich selbst die Zeit genommen, mit mir mehrere Monate um die Welt zu reisen: über die USA nach Australien, Neuseeland und nach Samoa in der Südsee. Nicht, dass ich mich wirklich daran erinnern könnte. Trotzdem gehören zu meiner Kindheit ein Pass mit Babyfoto und vielen bunten Stempeln und ein Haufen von Reiseanekdoten: wie ich in Neuseeland zum Touristenschreck wurde, weil ich in einer Grotte so gekräht habe, dass auf einen Schlag alle Glühwürmchen erloschen. Wie ich am Strand von Neuseeland auf Selleriestauden herumgekaut und mein erstes Weihnachten in Sydney am Strand gefeiert habe. Wie meine Eltern in den USA nicht ins Restaurant durften, weil dort Alkohol ausgeschenkt wurde und ich ja noch nicht volljährig war. Aus meinem ersten Lebensjahr kenne ich nur Geschichten von unserer

Weltreise. Was in den anderen Monaten geschah, ist wohl im Alltagstrubel versumpft.

Als Expertin in Sachen Reisen als Baby kann ich beruhigen: Weder Langstreckenflüge noch Zeitverschiebungen noch Klimawechsel scheinen nachhaltig zu schaden. Zumindest verlief mein Leben bis heute recht gesund und geordnet.

Als Expertin in Sachen Reisen als Mutter kann ich davon schwärmen: Auf einer Reise mit Baby gibt es Erholung und Abenteuer, Nähe als Familie, aber gleichzeitig auch ein Gefühl für die Größe der Welt; man erlebt einen Alltag und gleichzeitig viel Fremde. Reisen mit Baby ist anders, als es früher war. Leben mit Baby zu Hause ist aber auch anders.

Weil es so anders ist, hatte ich bei meiner ersten großen Reise als Mutter einen Berg, ach was: ein Himalaja-Gebirge an Fragen vor mir. Was muss ich in die Reiseapotheke packen? Wie schaffe ich es im Flieger, dass der Kleine keinen Druck auf den Ohren hat? Bekomme ich während der Reise überall Breigläser und Windeln? Soll ich weiter stillen? Wie mache ich meinem Kind das Einschlafen in einem fremden Hotelzimmer leichter? Über allen anderen Fragen hing immer die eine große: Wird es meinem Sohn während unserer Reise gut gehen?

Viele Fragen konnte ich mir selbst beantworten. Andere hat mein Sohn für mich entschieden. Einige blieben offen. Darum ist dieses Buch so aufgebaut, dass ich nicht nur von meiner eigenen Reise und meinen eigenen Antworten schreiben werde. Auf jedes Erlebnis von mir folgt ein Kapitel mit Informationen zu bestimmten Themen, sei das die Ernährung unterwegs, die Fahrt im Auto oder der Outdoor-Urlaub mit Kleinkind. Darin werden die Fragen, die ich mir während unserer Reise gestellt hatte, beantwortet: zum Teil von mir selbst, vor allem aber von einer Reihe namhafter Experten. Ein Reiseexperte vom Hamburger Tropeninstitut erklärt, welches Klima Babys gut vertragen und wie man sie unterwegs vor Krankheiten schützt. Die Leiterin des Münchner Staatsinstitutes für Frühpädagogik beschreibt, was Kinder in diesem Alter überhaupt von einer Reise mitbekommen. Eine Kulturwissenschaftlerin erzählt, wie andere Kulturen ihre Kinder erziehen und was wir davon lernen können. Andere Experten geben Ratschläge, wie Eltern ihr Baby unterwegs gesund ernähren oder gut zum Schlafen bringen, wie sie es vor Sonne oder Kälte schützen und ihm den Flug, die Autofahrt oder die Reise im Zug erleichtern.

Dazwischen werden Sie kurze Berichte von weiteren Experten finden: Von Müttern und Vätern, die ebenfalls während ihrer Elternzeit mit ihren Babys gereist sind. Ins Baltikum, nach Chile, Neuseeland, Thailand, Kalifornien, durch Alaska und Kanada. Im Wohnwagen, mit der Fähre, im eigenen Auto. Sie haben auf dem Campingplatz übernachtet, im luxuriösen Strandressort, im Ferienhaus. Bei einigen Familien waren auch ältere Kinder dabei. Alle haben sie viel erlebt: Die Babys wurden von Kellnern durchs Restaurant bis in die Küche getragen, auf der Dachterrasse gebadet und auf dem Beifahrersitz gewickelt, sie schliefen in Kraxen, Autositzen, Zelten. Sie sind auch mal krank geworden, sie haben laufen gelernt; sie sind zum ersten Mal im Meer geschwommen. Ihre Eltern sind gewandert und getaucht, sie haben ein Lagerfeuer angezündet oder im Straßencafé gesessen, sie haben sich gestritten und versöhnt. Und am Ende haben sie alle gesagt: Es war schön, so viel Zeit miteinander zu haben. Ganz weit weg – vom Alltag.

Ursula von der Leyen

Klar kann man in der Elternzeit auch zu Hause bleiben.

Ist ja schließlich super hier. Latte macchiato und Bionade werden längst nicht mehr nur in Szenecafés ausgeschenkt, sondern auch auf dem einen oder anderen Spielplatz. In den Drogerien steht ein Gläschen Bio-Brei neben dem anderen. Die Kinderwagen haben Blattfederung, die Autositze sind TÜV-geprüft, die Matratzen fürs Gitterbett schadstoffgetestet, die Babytragen aus Bio-Baumwolle. In den Apotheken bekommt man homöopathische Zäpfchen gegen Zahnschmerzen, der Kinderarzt spricht Deutsch. Und obendrein gibt es hierzulande ein Animationsprogramm aus PEKiP, Babyschwimmen und -massagen für junge Eltern, mit dem selbst der beste Ferienclub nicht mithalten kann.

Das ist eine Möglichkeit für Mütter und Väter, ihr Elterngeld auszugeben. Immerhin gewährt Familienministerin Ursula von der Leyen frischgebackenen Eltern seit Januar 2007 bis zu 1800 Euro Elterngeld im Monat. Wofür man das Geld auf den Kopf haut, ist Ursula von der Leyen egal. Für sie zählt – neben Wählerstimmen – alleine: Familien bekommen Zeit geschenkt. Das soll den Eltern weniger Stress und mehr Spaß bringen und somit der ehemaligen Familienministerin endlich mal eine vorzeigbare Geburtenrate.

Zur Geburt eines Kindes hagelt es ja nur so Geschenke. Strampler, selbst gestrickte Babysocken, Kuscheltiere, Schnuffeltücher, Greifringe, Rasseln, Bilderbücher. Als Mutter bekommt man gerne mal einen Concealer geschenkt – weil es ja jetzt vorbei ist mit der Nachtruhe. Oder ein Hörbuch – weil es ja jetzt vorbei ist mit dem Lesen. Das Geschenk von Ursula von der Leyen aber ist das Schönste von allen. Auch wenn es nicht in blassblauem Papier mit Teddybären darauf verpackt ist. Sondern in Formularen und Behördenstempeln.

Elternzeit bedeutet: Zeit.

Wie Eltern sich diese Zeit einrichten, das sieht so verschieden aus wie ihre Wohnzimmer. Die einen stehen auf Gardinchen und Eichen-Schrankwand, die anderen auf Bogenlampe und Siebzigerjahre-Ledersofa. Jedem das Seine.

Bei der Elternzeit entscheiden sich derzeit immer noch vier Fünftel der Paare dafür, dass das reine Frauensache sei. Ein Fünftel der Männer beantragt Elternzeit; in der Regel, also in zwei von drei Fällen, allerdings gerade mal die zwei sogenannten »Partnermonate«, die andernfalls schlicht verfallen würden.

Es lohnt sich aber gewaltig, wenn Elternzeit nicht mehr bloß Frauensache ist: 14 Monate bekommen Mutter und Vater geschenkt, wenn sie beide in Elternzeit gehen. 14 Monate, die sie nacheinander nehmen können. Oder gleichzeitig.

Nie wieder haben Eltern Erholung so nötig wie in diesen ersten Monaten nach der Geburt ihres Kindes. Nie wieder wird sich ihr Kind so rasant entwickeln, würden sie also so viel verpassen. Nie wieder werden sie so leicht am Arbeitsplatz fehlen können; sieben Monate, wenn sie die gesamte Elternzeit gleichzeitig nehmen. Nie wieder bekommen sie so viel Geld dafür; gemeinsam bis zu 3600 Euro im Monat.

Dafür können sie Latte macchiato trinken bis zum Herzinfarkt. Oder in einen Ausbildungsfonds für das Neugeborene investieren. Oder sich daran erinnern, was sie früher gemacht hätten mit dem Geld, mit der Zeit. Damals, bevor sie Eltern wurden.

Zwei Around-the-world-Flugtickets kosten zum Beispiel zusammen um die 2.500 Euro; Kinder unter zwei Jahren fliegen quasi kostenlos mit. Ab 700 Euro im Monat bekommt man einen Wohnwagen in Neuseeland. Ein Ferienhaus in Griechenland für 1.200 Euro.

Nur so zur Anregung.

UNSERE REISE

Michael (37) machte mit Anne (38) und ihren beiden Söhnen Nick (3) und Ben (1) in den gemeinsamen zwei Monaten Elternzeit eine Reise um die Welt: Sie fuhren zehn Tage die kalifornische Küste entlang, von San Francisco bis Los Angeles, reisten dann sechs Wochen kreuz und quer durch Neuseeland und waren am Ende noch zehn Tage in Japan, in Tokio und Kyoto.

DAS WAR ANDERS ALS FRÜHER: Wir reisen beide für unser Leben gerne und hatten uns geschworen, dass das mit Kindern nicht anders werden soll. Sechs Wochen nach der Geburt unseres ersten Sohnes haben wir unseren ersten Urlaub als Familie gemacht. Bei der Weltreise hatten wir also schon drei Jahre Erfahrung und wussten: Man darf nur wenig Programm planen, dafür feste Kinderaktivitäten; man muss flexibel sein und offen für die kleinen Dinge am Wegesrand. Die Touristenattraktion des Tages ist nur hin und wieder auch die Kinderattraktion des Tages.

DAS HAT DIE REISE UNS GEBRACHT: Viele Leute haben uns vorher entgeistert gefragt: »Einmal mit den Kindern rund um die Welt? Wollt ihr euch diesen Stress wirklich antun?« Wir können nur sagen: So entspannt wie während der zwei Monate gemeinsamer Elternzeit war es danach nie wieder. Als wir zurück waren, hat uns der berufliche Alltag mit Macht eingeholt. Das war so viel stressiger. Mein Arbeitgeber fand, es habe ein »Geschmäckle«, in der

Elternzeit in Urlaub zu fahren. Nö. Wir haben als Familie so viel intensive Zeit zusammen gehabt, wie das in keiner anderen Konstellation möglich gewesen wäre. Diese Zeit kann uns vieren keiner nehmen. Das war wirklich Familienzeit und damit Elternzeit.

MEIN RAT: Wer um die Welt fliegt, sollte das Richtung Westen machen, da ist der Jetlag nicht so schlimm. Kinder können ihn schließlich schlechter mit Willenskraft und strategischem Schlafen niederringen. Für Übernachtungen in Backpacker-Hostels: Klären Sie vorher am Telefon, ob Kinder unerwünscht sind. Als wir reservieren wollten, druckste einige merkwürdig rum – erst dann sahen wir auf den Websites das Symbol mit durchgestrichenem Kind. Na ja, die Schlaf- und Lärmzeiten von jungen Familien und Party-Animals sind wohl nicht recht kompatibel.

Elternzeit & Elterngeld

Wer mit fünf Brüdern aufwächst, der kann sich auch gegen konservative Kollegen behaupten: Gegen einigen Widerstand führte Ursula von der Leyen (CDU) am 1. Januar 2007 als Familienministerin das Elterngeld ein. Eltern, die vor der Geburt ihres Kindes gut verdient haben, bekommen seitdem bis zu viermal mehr Geld vom Staat als durch das bis dahin geltende Erziehungsgeld. Die größte – und meistdiskutierte – Neuerung war jedoch: Das Elterngeld kann nur voll ausgeschöpft werden, wenn Mutter wie Vater in Elternzeit gehen. Die Zahl der Väter, die ebenfalls in Elternzeit gehen, steigt seitdem Jahr für Jahr.

■ WIE VIEL ELTERNZEIT BEKOMME ICH?

Die Sache mit der Elternzeit erinnert irgendwie an diese vertrackten Textaufgaben aus der Schulzeit: Mal ist von 14 Monaten die

Rede, dann doch wieder nur von zwölf; zwei Partnermonate soll es geben und am Ende habe man doch drei Jahre Elternzeit – hä? Also, dröseln wir das Ganze mal auf:

- 14 Monate nach der Geburt seines Kindes bekommt ein Elternpaar nicht nur Elternzeit, sondern in dieser Zeit auch Elterngeld.
- Zwölf Monate von diesen insgesamt 14 Monaten bezahlter Elternzeit kann ein Elternteil maximal alleine nehmen. Dann ist Schluss. Das gilt natürlich nicht für alleinerziehende Mütter oder Väter. Die haben einen Anspruch auf die gesamten 14 Monate.
- Zwei Monate bleiben also mindestens für den anderen Elternteil übrig. Das sind die sogenannten »Partnermonate«. Da die bislang vor allem von Vätern in Anspruch genommen werden, wurden sie von konservativen CSU-Politikern auch schon als »Wickelvolontariat« beschimpft.
- Drei Jahre nach der Geburt ihres Kindes haben Mütter wie Väter grundsätzlich ein Recht auf Elternzeit. Nicht zu verwechseln mit der bezahlten Elternzeit allerdings. In diesen drei Jahren haben Eltern nämlich kein Recht auf Elterngeld (das gibt es wie gesagt nur in den ersten 14 Monaten), sondern alleine auf Zeit. Das bedeutet bei fest angestellten Müttern und Vätern: Bis zu drei Jahre nach der Geburt ihres Kindes können sie ihren Job ganz ruhen lassen. Oder, wenn sie selbst es so wünschen, bis zu 30 Stunden in Teilzeit weiterarbeiten. Eltern haben ein Recht darauf, nach diesen drei Jahren wieder bei ihrem alten Arbeitgeber zu arbeiten und dürfen während der Elternzeit nicht gekündigt werden.

Elternzeit ist also letztlich erst einmal ein Recht auf Zeit, die Mütter und Väter mit ihrem Kind verbringen können statt im Büro. In den ersten zwölf bzw. 14 Monaten werden sie in dieser Zeit vom Staat finanziell unterstützt: mit dem Elterngeld.

■ ... UND WIE VIEL ELTERNGELD?
Das kommt darauf an, wie viel Sie vor der Geburt Ihres Kindes verdient haben. Es beträgt grundsätzlich 67 Prozent des bisherigen Nettoeinkommens, bei sehr niedrigem Einkommen allerdings bis zu 100 Prozent. Im besten Fall sind das für ein Kind bis zu 1800 Euro im Monat; mindestens 300 Euro gibt es für jeden, unabhängig vom Einkommen.
Mit dem klassischen Dreisatz kommt man allerdings ehrlicherweise nicht allzu weit, höchstens auf einen Schätzwert. Dafür sind die Sonderregeln und Ausnahmen zu zahlreich: Geschwisterbonus, zusätzliche Prozentpunkte für Geringverdiener, eine abgezogene Werbungskostenpauschale. Genauer als jeder Taschenrechner zu Hause in der Schublade ist daher der Elterngeldrechner auf der Webseite des Familienministeriums: www.bmfsfj.de Sollten Sie danach noch Fragen haben: Das Familienministerium hat eine eigene Servicenummer zum Thema Elterngeld eingerichtet: 01801 / 90 70 50.

■ WO BEANTRAGE ICH ELTERNGELD?
Bei der nächsten Elterngeldstelle. Auf der Internetseite www.elterngeld.net sind alle Elterngeldstellen in Deutschland aufgelistet, mit Adresse und Telefonnummern. Auch die Formulare für den Antrag gibt es zum Downloaden auf der Seite. Ein Tipp: Füllen Sie die Formulare so weit wie möglich bereits vor der Geburt Ihres Kindes aus. Dann brauchen Sie nach der Entbindung bloß noch Geburtsdatum und Namen Ihres Kindes eintragen, die Geburtsurkunde mit in den Umschlag legen und können das Bündel Pa-

piere rechtzeitig abschicken. Denn: Wer länger als drei Monate braucht, um seinen Antrag einzureichen, verliert einen Teil seines Anspruchs auf Elterngeld. Es wird rückwirkend nur für drei Monate ausgezahlt.

■ IST ELTERNZEIT REINE FRAUENSACHE?

»Väter sind enorm wichtig für die Entwicklung ihrer Kinder, schon im ersten Lebensjahr«, sagt die Bindungsforscherin Karin Grossmann. Seit Jahrzehnten untersucht sie die Bindung zwischen Eltern und ihrem Kind. Immer mehr Aufmerksamkeit widmet sie dabei der wichtigen Rolle, die Väter im Leben ihrer Kinder spielen:

»Väter vermitteln andere Erfahrungen als Mütter. Mütter neigen dazu, eher ängstlich mit ihren Babys zu sein. Sie mildern vieles ab. Ein Vater lacht auch mal zu laut oder wirft sein Kind hoch in die Luft; er vermittelt schon einem Säugling extremere Erfahrungen und damit einen zweiten Interaktionsstil. Kinder lernen sehr schnell, zwischen verschiedenen Stilen zu unterscheiden. Je nach Situation wählen sie dann den Elternteil, der für sie am angemessensten reagiert. Meist der Klassiker: Wollen sie getröstet werden, krabbeln Babys zu ihren Müttern. Wenn sie aber spielen wollen, richten sie sich an die Väter.

Als ich in den Siebzigerjahren die Bindung zwischen Eltern und Kindern untersucht habe, ist ein Vater vielleicht drei Tage nach der Geburt zu Hause geblieben. Dass Väter in Elternzeit gehen, ist ja sehr frisch – und eine große Chance. Die wichtigste Sache in den ersten Lebensmonaten eines Babys ist nämlich die: Eltern und Kind müssen lernen, einander zu verstehen. Das ist für Eltern eine große Herausforderung. Und geht nur, wenn man Zeit mit seinem Kind verbringt.

Die ersten Monate mit Kind sind beinahe so, als wäre man plötzlich nach China versetzt worden: Die Eltern müssen eine Fremdsprache lernen. Ein Baby äußert sich von Anfang an; durch seine Mimik und seine Gesten, mit Hinwendungen. Jemand muss da sein, der diese Äußerungen sieht und der Antworten gibt. Wenn das nicht nur die Mutter ist, sondern auch der Vater: wunderbar. Aber Väter müssen Zeit mit ihrem Kind verbringen. Sonst lernen sie nicht, es zu verstehen. Natürlich geht das auch an Feierabenden und am Wochenende; wenn sie sich dann auch wirklich auf ihr Kind einlassen und nicht noch nebenbei tausend Dinge erledigen wollen. Aber wenn sie die Chance haben, in Elternzeit zu gehen: Für die Bindung zwischen Vater und Kind ist das mit Sicherheit ein großer Schritt.«

FÜHRT DIE ELTERNZEIT FÜR MÄNNER ZUM KARRIEREKNICK?
Über 70 Prozent der Väter fürchten negative Konsequenzen im Job, wenn sie in Elternzeit gehen. Das fand die IGS-Organisationsberatung in einer Umfrage heraus. IGS-Geschäftsführer Marcus Schmitz sagt: Es ist trotzdem eine gute Sache, wenn Väter Elternzeit nehmen. Auch für die Chefs übrigens.

HERR SCHMITZ, WIRD DIE ELTERNZEIT FÜR VÄTER ZUM KARRIEREKNICK?
Im Job gelten offizielle Regeln. Dass Mütter wie Väter in Elternzeit gehen können, zum Beispiel. Gleichzeitig gibt es aber auch inoffizielle Regeln und die lauten in vielen Unternehmen: Ein Mann hat sich seiner Karriere zu verschreiben. Wer gegen die inoffiziellen Regeln verstößt, muss mit Sanktionen rechnen. So ist das in jedem bestehenden System, auch in einem Unternehmen. Darauf müssen sich gerade die Männer gefasst machen.

ALSO LASSEN SIE ES BESSER BLEIBEN?
Jeder muss sich selbst überlegen: Was ist mir die Sache wert? Steht die Zeit mit dem Kind über den Sanktionen? Ich als Vater von zwei Kindern würde sagen: Ja, das ist es wert. Hat eine Familie viel Zeit miteinander, wächst sie ganz anders zusammen. Aber jeder muss auf sich und seine Familie schauen: Was will ich, was will meine Partnerin? Wie wollen wir in unserer Familie leben?

EIN MANN, DER IN ELTERNZEIT GEHEN MÖCHTE: WIE SAGT ER ES AM KLÜGSTEN SEINEM CHEF?
Er sollte die Bedenken seines Chefs nicht wegwischen, sondern ernst nehmen. Das heißt: Er sollte schauen, was dahintersteckt. Hat mein Chef ein altes Rollenmuster im Kopf? Oder ist er vielleicht neidisch, dass er selbst sich diese Zeit für seine Kinder nie genommen hat? Dagegen kann man nicht ankämpfen. Ich kann nicht als Einzelner ein System ändern, nur meine eigenen Konsequenzen ziehen. Es kann ja aber auch sein, dass hinter den Bedenken des Chefs handfeste Sorgen stecken: Läuft vielleicht gerade ein wichtiges Projekt? Ist zurzeit genau mein Fachwissen gefragt? Dann lohnt es sich, einen Kompromiss auszuhandeln. Am besten drücke ich den Chef nicht in eine Rechtfertigungssituation. Klüger ist es, ihn seine Bedenken begründen zu lassen und zu fragen: Was brauchen Sie denn, um der Elternzeit zustimmen zu können? Dann muss sich der Chef damit beschäftigen und mit konkreten Lösungsvorschlägen kommen. Vielleicht wird die Elternzeit um ein paar Wochen verschoben. Oder man vereinbart einen festen Telefontermin in der Woche. Übrigens sollte nicht nur mit dem Chef nach praktischen Lösungen gesucht werden, sondern auch mit den Kollegen. In vielen Fällen müssen die schließlich zusätzliche Arbeit in der Zeit übernehmen.

ELTERNZEIT IST ALSO: GEWINN FÜR DEN VATER, VERLUST FÜR DIE FIRMA?
Es tut jedem Beschäftigten gut, eine Weile etwas ganz anderes zu

machen als den Job. Er bekommt eine andere Sicht auf die Dinge, verlässt seine alten Entscheidungsmuster. Und kommt so mit ganz neuen Ideen zurück. Am Ende tut das auch dem Unternehmen gut.

WAS IST IHRE PROGNOSE: WIRD ES DEN VÄTERN IN ZUKUNFT IMMER LEICHTER FALLEN, ELTERNZEIT ZU NEHMEN?
Denen, die das Thema Elternzeit betrifft: ja. Der gesellschaftlichen Mitte also. Elternzeit ist ja kein Thema der Unterschicht; auch nicht der Oberschicht. In der Mitte aber wächst die Zahl der berufstätigen Frauen deutlich und damit auch die Auseinandersetzung in der Partnerschaft, wie das Familienleben gerecht organisiert wird. Es geht ja nicht nur um die Elternzeit. Auch nach den ersten 14 Monaten bleibt die Frage: Wie stark will ich mich als Vater einbringen – und wie stark kann ich es? Da gerade im Mittelstand die Beschäftigten rarer und begehrter werden, wird aber auch ihre Verhandlungsposition besser. Ich bin mir sicher: Flexible Arbeitszeiten werden deutlich zunehmen. Jede Familie wird für sich nach einer individuellen Lösung des Alltags suchen und die immer stärker im Beruf durchsetzen können.

SIE WÜRDEN ALSO SAGEN: MEHR MUT, AB IN DIE ELTERNZEIT!
Negative Konsequenzen gibt es so oder so. Wenn ich in Elternzeit gehe, kann das Sanktionen bedeuten, ja. Aber wenn ich nicht Elternzeit nehme: Dann verpasse ich eine sehr schöne Chance.

▪ HABE ICH EIN RECHT AUF ELTERNZEIT?

Bis sieben Wochen vor Beginn der Elternzeit sollte der Arbeitgeber schriftlich informiert werden. Und zwar tatsächlich bloß informiert, nicht gefragt werden. Denn: Eltern haben bis zum vierten Geburtstag ihres Kindes ein Recht auf Elternzeit. Sie brauchen dafür nicht die Zustimmung des Arbeitgebers. Beim Familienministerium heißt es dazu lapidar: »Die Arbeitgeberseite hat die Elternzeit zu bescheinigen.« Mit der Anmeldung setzt sogar für den Arbeitnehmer ein besonderer Kündigungsschutz ein; allerdings frühestens acht Wochen vor Beginn der Elternzeit. Und: Der besondere Kündigungsschutz endet, sobald die Elternzeit vorbei ist.

■ KANN MAN IN DER ELTERNZEIT VERREISEN?

Es gibt einen Haufen guter Gründe, warum man das nicht nur kann – sondern geradezu sollte:

Lange Reisezeit: Nimmt man die komplette Elternzeit gemeinsam, kommt ein Paar auf ganze sieben Monate. Das reicht sogar für eine Weltreise noch locker. Nur zur Erinnerung: Kinder kommen irgendwann in die Schule. Und die Schulferien sind maximal sechs Wochen lang.

Niedrige Kosten: Für Kinder unter zwei Jahren zahlen Eltern im Flieger, Zug oder Hotel kaum drauf. Noch kann man als Familie nicht nur in den Schulferien verreisen, sondern auch in der Nebensaison. Da sind die Preise an klassischen Urlaubsorten deutlich günstiger. Außerdem sind diese weniger überlaufen.

Kleine Mitläufer: In den ersten drei Lebensjahren brauchen Kinder vor allem ihre Eltern, um sich wohl zu fühlen. Kleinkinder sind sehr anpassungsfähig und maulen noch nicht so schnell, weil das Museum langweilig ist oder gleichaltrige Spielkameraden fehlen.

Familienzeit: Der erste Brei. Zum ersten Mal krabbeln, stehen, rutschen, aufs Sofa klettern können. Der erste Schritt. Das erste Wort. Es gibt so viele Meilensteine im ersten Lebensjahr eines Kindes, die man verpasst, während man im Büro sitzt oder am

Wochenende einkauft oder das Auto repariert oder den üblichen Alltagskram organisiert. Weg von zu Hause haben Eltern endlich mal richtig Zeit. Als Paar und als Familie. Im Urlaub gibt's keine Steuererklärung, keine nervigen Briefe von der Bank, keine Versicherungsbögen zum Ausfüllen. Das tut allen gut. Gerade am Anfang des Familienlebens, wo man sich selbst erst einmal in seine neue Rolle finden muss. Schön, wenn man sich als Familie in Ruhe kennenlernen kann.

Marco Polo

Die Welt an sich schrumpft nicht automatisch, sobald ein Paar ein Kind bekommt. Leider. Das würde einem das neue Leben nämlich deutlich einfacher machen. Dann könnte man sein Fernweh einfach ebenfalls entsorgen, so wie man die bauchfreien T-Shirts und die besonders engen Jeans von vor der Schwangerschaft in Altkleidersäcke gestopft und an die Straße gestellt hat. Bye-bye, altes Leben!

Das Fernweh bleibt. Auch wenn es zahmer ist als früher; hin und wieder kommt es eben doch angekrochen. Kitzelt an den Fußsohlen, knufft einen Richtung große, weite Welt und lässt sich selbst von den vielen neuen Mitbewohnern nicht plattmachen, mit denen es seit Neuestem die gleiche Bezugsperson teilt: den Sorgen. Sorgen sind die neuen Landesgrenzen. Fast könnte man meinen, sie sei doch kleiner geworden, die Welt.

Als unser Sohn fünf Monate alt war, sind wir ein Wochenende nach Sylt gefahren. Die Fischsuppe war echt lecker und die Dünen fanden wir auch hübsch, der wahre Kracher aber war: Nordseeluft lässt Babys verdammt gut schlafen. Nordseeluft ist nun aber auch, das musste ich leider später in diversen Elternratgebern lesen, ein sogenanntes »Reizklima« und damit ein Risiko für Babys, und das wollen wir selbstverständlich kein zweites Mal eingehen. Höher als 1.500 Meter darf man übrigens auch nicht, stand drei Sätze später. Kein Meer, keine Berge.

Das Mittelgebirge wird gerne für Reisen mit Babys empfohlen. Da ist das Klima schön reizarm. Mittelgebirge, hmm. Der Schwarzwald oder der Bayerische Wald zum Beispiel. Der Spessart, der Kaiserstuhl. Hmm. Ein bisschen mehr Reiz vertragen wir dann doch.

Italien hatten uns einige Freunde noch vorgeschlagen. Fanden wir aber auch schwierig. Allein diese Müllberge. Wir müssen doch jetzt als Eltern so auf die Hygiene achten. Und dann noch das Regime dort. Nein, das konnten wir moralisch echt nicht vertreten.

Die USA. Über die haben wir eine ganze Weile ernsthaft nachgedacht. Jetzt wo George W. Bush zurück auf seiner Farm in Texas ist, kann man dort ja endlich wieder hin. Aber dann haben wir uns ein bisschen eingelesen und plötzlich wurde uns ganz mulmig. Denn dort werden Dreijährige gerne mal verklagt, wenn sie ihrer Kindergärtnerin an die Brust grapschen. Ehrlich gesagt: Unser Sohn hat sich in dem Punkt noch nicht so unter Kontrolle. Stillen in der Öffentlichkeit ist auch nicht angesagt: Bei Facebook zensieren sie alle Bilder von stillenden Müttern, als »obszöne, pornografische und eindeutig sexuelle Handlung«. Da können wir auch gleich in den Iran reisen, finden wir. Oder in den Nahen Osten. Und schon haben wir das perfekte Reiseziel gefunden. Die Seidenstraße. Traditioneller kann ein Familienurlaub nun wirklich nicht sein, die Route wird immerhin seit Jahrtausenden genommen: von Geschäftsleuten, von Lastwagenfahrern (oder früher eben Kamelkarawanen) und selbst von Berühmtheiten wie Marco Polo. Auf eine solche Zahl an Reisenden kommen kein Neckermann-Club und keine Aida-Kreuzfahrt.

Die Seidenstraße führt von Istanbul durch Syrien, den Irak und Iran, Turkmenistan, Usbekistan, Tadschikistan bis fast ans andere Ende von China. Das sind etwa 6.000 Kilometer. Ein ordentlicher

Brocken also. In klassischen Zwei-Wochen-Urlaub-Schritten würde das bedeuten: Um die Seidenstraße von Anfang bis Ende abzureisen, bräuchte man drei Leben. Aber Ursula von der Leyen hat uns Zeit geschenkt. Zwei Monate gemeinsame Elternzeit haben mein Mann und ich. Das ist ein Startkapital.

Es gibt Familien, die reisen jedes Jahr in das gleiche Ferienhaus oder zumindest auf die gleiche Mittelmeerinsel. Wir kehren immer mal wieder zu der gleichen Route zurück. Zur goldenen Hochzeit haben wir vielleicht ein komplettes Seidenstraßen-Fotoalbum bei-

sammen: Als junge Familie in Istanbul, mit zwei Grundschulkindern in Turkmenistan und mit den Teenagern in der Wüste Taklamakan. Schließlich grauhaarig und wieder zu zweit in Xiang.

Doch, die Route klingt sehr überzeugend. Garantiert keine riskante Nordseeluft. Na ja, ein paar Berge gibt es ehrlicherweise schon auf der Strecke und die ein oder andere Wüste; ich glaube, die fallen auch unter die Rubrik »Reizklima«. Ganz abgesehen von den Regimes einiger Länder, die mit Bush und Berlusconi durchaus mithalten können. Aber irgendwo muss man ja Abstriche machen.

Mal im Ernst: Absolut sicher ist es nirgendwo. Während wir später auf der Seidenstraße durch den Nahen und etwas ferneren Osten fahren, bebt in Italien heftig die Erde, in Mexiko bricht die Schweinepest aus und zu Hause in Hamburg gibt es immerhin eine kleinere Scharlachepidemie.

Aber die gute Nachricht ist: Es ist an viel mehr Orten sicher, als man denkt. Auch für ein Baby. Mit einem Baby kann man an den Wörthersee reisen, aber auch nach Warschau, zur Kur und nach Krakau. Auf den Bauernhof und nach Beirut, zu den Großeltern und nach Griechenland und Georgien. In die Toskana, die Türkei und nach Teheran.

Die Welt schrumpft wirklich nicht, sobald ein Paar ein Kind bekommt. Im Gegenteil: Sie ist auch mit Baby verdammt groß.

Reiseziele für Babys

In den Irak oder nach Afghanistan sollte man wohl eher nicht reisen. Egal, ob mit oder ohne Baby. Das deutsche Mittelgebirge oder die Ostsee wird dagegen wärmstens von Kinderärzten empfohlen: wegen des milden, reizarmen Klimas. Zwischen diesen beiden Extremen gibt es nun aber noch einen Haufen anderer Inseln, Wälder,

Strände, Städte, Hügel und Berge. Selten gibt es so ein klares Nein oder Ja wie beim Irak und der Ostsee. Bei den meisten möglichen Reisezielen müssen die Eltern selbst abwägen: Wie viel Entspannung oder Spannung brauchen wir und wie viel verträgt unser Kind?

■ WIE WEITE STRECKEN KANN MAN MIT BABY ZURÜCKLEGEN?

Große Entfernungen haben unangenehme Nebenwirkungen: einen langen Flug zum Beispiel oder einen zünftigen Jetlag. Der kann den mühsam erarbeiteten Tag-Nacht-Rhythmus eines Babys für Tage (im schlimmsten Fall: Wochen) gehörig durcheinanderbringen. Aber: Jetlag und Langstreckenflug mögen zwar nerven, gefährlich sind sie jedoch nicht. Ist also das Fernweh größer als die Sorge vor einer Reihe mittelmäßiger Nächte, dann nichts wie los: Mit Baby fliegen ist nämlich relativ entspannt. Nein, nicht im Vergleich zu früher, aber eben deutlich entspannter – und günstiger – als ein Langstreckenflug mit älteren Kindern.

■ WELCHES KLIMA VERTRAGEN BABYS?

Optimal für Babys – und für die meisten Eltern ja ehrlicherweise auch – sind milde Temperaturen zwischen 20 und 25 Grad. Bei großer Hitze und fieser Kälte wird's für die ganze Familie anstrengend.

Hitze und Sonne vertragen Babys deutlich schlechter als Erwachsene. Ihre Haut ist sehr sonnenempfindlich, ihr Flüssigkeitshaushalt bricht bei starkem Schwitzen schnell ein. Außerdem wird ihre Immunabwehr durch die Hitze geschwächt; wechseln sie dann noch ständig zwischen heiß (draußen) und kalt (im klimatisierten Hotel) werden sie leicht krank.

Kälte kann es auch in sich haben. Natürlich gibt es Geschichten von isländischen Babys, die auch im tiefsten Winter draußen im Kinderwagen liegen und zufrieden schlafen. Aber es gibt auch Geschichten von Eltern, denen beim Skifahren das Baby hinten in der Kraxe erfror. Reisen ins winterliche Russland oder zum Skifahren in die Alpen sollten also äußerst gut vorbereitet sein.

Hohe Berge sind nichts für Babys; so steht es in diversen Elternzeitschriften und -ratgebern. In 1500 Meter Höhe sei Schluss. Helmut Jäger vom Hamburger Tropeninstitut sagt dazu: »Babys haben keine Lust auf Höhentrekking. Wenn man aber auf einen Berg muss, weil Heidis Opa dort wohnt, sollte man dem Kind eine langsame und geruhsame Zeit zur Akklimatisation geben. Dann wird so ein Urlaub auch schön.«

Reizklima wie etwa an der Nordsee ist noch nichts für Säuglinge – noch so ein Elternschreck in diversen Ratgebern. Gefährliches Sylt? Herr Jäger vom Tropeninstitut winkt ab. »Der gesunde Menschenverstand sagt: Alles, was das Kind mag, ist auch gut. Und meist mag es Sand und Wellen.«

■ **WELCHE REGIONEN SIND MEDIZINISCH BEDENKLICH?**
Das Tropeninstitut in Hamburg hat zu allen erdenklichen Ländern Informationen ins Netz gestellt; auch mit Blick auf Kinder: www.gesundes-reisen.de. Mit Baby in die Tropen zu fahren ist zum Beispiel so lala. Gelbfieber, Malaria, Typhus, Cholera können bei Babys sehr schwer verlaufen. Impfungen gegen einige Infektionen sind zwar möglich, belasten den kleinen Organismus aber stark. Wenn's unbedingt sein muss: Kontakt mit dem Tropeninstitut aufnehmen (Hotline: 09 00 / 1 23 49 99) und sich individuell beraten

lassen. Und egal, welches Reiseziel: Auf jeden Fall beim nächsten Besuch den Kinderarzt drauf ansprechen!

■ WAS IST EIN GUTES REISEZIEL FÜR UNSERE FAMILIE?

Selbst wenn Kriterien wie Entfernung, Klima oder Krankheiten die Liste an Reisezielen schon deutlich gekürzt haben: Die Auswahl kann einem immer noch den Atem rauben. Und vor lauter Möglichkeiten sieht man die Reise nicht mehr. Da hilft nur eine Inventur der Wünsche und Grenzen:

Was wollen wir? Welche Sorte Urlaub hat uns früher glücklich gemacht? Damals, bevor wir Eltern wurden. Hotel oder Ferienhaus? Durch die Gegend fahren oder an einem Ort bleiben? Fliegen, Autofahren, Zugreisen? In der Regel ändert sich nämlich doch nicht alles, wenn man ein Kind bekommt.

Was will unser Kind? Wird es bei viel Trubel ängstlich? Oder erst recht neugierig? Sitzt es geduldig über längere Strecken still (im Auto) oder will es sich viel bewegen (etwa in der Bahn)? Ist es häufig krank? Empfindlich in Sachen Essen, Sonne, Zeitverschiebung?

Was fehlt zu Hause? Der Garten? Im Winter die Sonne? Das Meer? Ein dörfliches Leben? Im Urlaub kann man das nachholen, was man zu Hause oft vermisst.

Wie viel Geld haben wir? Und zwar nachdem Fixkosten wie die Miete für die Wohnung zu Hause oder die Zinsen fürs Eigenheim abgezogen sind, die Rentenvorsorge, die Versicherungen, vielleicht auch schon der Kita-Beitrag, der ja weiterläuft.

WIE WERDEN ALLE AUF EINER REISE GLÜCKLICH?
Als Urlaubsforscher und Vater von zwei Kindern weiß der Psychiater Michael Stark, wie man eine Reise planen sollte, damit Eltern wie Baby etwas davon haben.

HERR STARK, WIE FINDET MAN DAS RICHTIGE REISEZIEL FÜR DIE ELTERN UND DAS BABY?
Wie sonst auch, wenn verschiedene Leute gemeinsam in Urlaub fahren. Man sucht einen Kompromiss. Ältere Kinder kann man direkt nach ihren Wünschen fragen. Wer mit Baby verreist, sollte vorher den Kinderarzt fragen: Was kann ich dem Kleinen zumuten?

WAS SAGT IHRE ERFAHRUNG: WAS BRAUCHEN BABYS AUF EINER REISE?
Ich würde ihnen Zeit- oder Klimaveränderungen nur zumuten, wenn man mindestens zwei Wochen vor Ort ist; dann kann sich ihr Körper in Ruhe daran gewöhnen. Gegenden, in denen die Hygiene sehr zu wünschen übrig lässt, würde ich ganz meiden. Ansonsten haben Babys wenige Ansprüche. Sie brauchen den Dauerkontakt zu ihren Eltern und vor allem brauchen sie daher entspannte, glückliche Eltern.

UND WAS BRAUCHEN DIE ELTERN, UM IM URLAUB GENAU DAS ZU SEIN: ENTSPANNT UND GLÜCKLICH?
Was die Eltern brauchen, hängt sehr von ihrem persönlichen Stil ab. Ob aber die Urlaubsform der Eltern zur Entspannung wird, entscheidet das Kind. Wenn die Familie jede Nacht an einem anderen Ort schläft, werden sehr viele Babys das mit großem Geschrei quittieren.

WIE SCHAFFT MAN ES, DASS EIN URLAUB MIT BABY ZUR AUSZEIT VOM ALLTAG ZU HAUSE WIRD?
Bei kleinen Kindern gibt es keine echte Auszeit. Erst recht nicht, solange sie noch gestillt werden. Pausen gibt es natürlich. Im Urlaub könnten sich die Eltern gut abwechseln; zum Beispiel beim Aufstehen

mit dem Baby am Morgen. Was es dafür im Urlaub meist viel mehr gibt als zu Hause: Zeit als Familie.

ZEIT: DAVON SCHWÄRMEN ALLE ELTERN, DIE WÄHREND DER ELTERNZEIT GEMEINSAM MEHRERE WOCHEN ODER MONATE IM AUSLAND WAREN.
Zeit ist sehr wertvoll. Den Alltag miteinander erleben, sich als Familie fühlen. Das ist eine gute Grundlage für die kommenden Jahre, wo man kaum wieder so viel Zeit miteinander haben wird. Gerade den Vätern tut es gut, in die alltäglichen Abläufe eingebunden zu werden. Männer haben mehr Berührungsängste mit Babys. Aber während einer solchen Zeit lernen sie: Mein Kind reagiert auf mich. Nicht nur auf die Mutter. Das ist eine wirklich tolle Erfahrung.

Weitere Ratschläge für einen gelungenen Urlaub von Professor Michael Stark gibt es auf seiner Webseite: www.prof-stark.de

Darum

Jeder Mensch hat ja bestimmte Reizwörter. Eine Freundin von mir wird ganz kirre, sobald sie das Wort »Bonn« hört; eine andere bekommt Gänsehaut, wenn jemand »Rückstau« sagt. Auf Begriffe wie »Syrien« und »Iran« reagieren auf jeden Fall sehr viele Menschen sehr stark. Wenn man dann noch das Wort »Baby« im gleichen Atemzug nennt, potenziert sich die Reaktion noch mal. Ob wir nicht Angst vor Entführungen hätten, fragt eine Freundin. Oder davor, gesteinigt zu werden, erkundigt sich eine andere. Uns wird geraten, Einwegspritzen mitzunehmen und vor der Abreise dringend unser Testament zu machen. Manche sagen auch erst mal gar nichts mehr.

Bei meiner Mutter rolle ich mit den Augen. Bei Kollegen schweige ich höflich und lächle. Freunde beschwichtige ich: dass wir wirklich noch nie von entführten Touristen in der Türkei gehört haben. Auch nicht in Syrien oder im Iran. Und von gesteinigten Touristen eh nicht. Dass es auch in diesen Ländern Krankenhäuser und Ärzte und Spritzen gibt.

Dann werde ich selbst Mutter. Und Angsthase, im gleichen Moment. Als ich zum ersten Mal nach der Geburt die Wohnung verlasse, mit schlabbrigem Wöchnerinnenbauch und prallen Milcheinschuss-Brüsten, ist mir schon unsere Straße zu wild. Dazu muss man sagen: Unsere Straße besteht aus Lindenbäumen, einem portugiesischen Café, einer Heilpraxis für Hunde und einem kleinen Kindergarten. In den Läden bei uns werden selbst genähte Babyschuhe, antike Lampen und Bio-Obst verkauft. An jeder Straßenlaterne sind zwei Fahrräder angeschlossen und um nichts in der Welt passen zwei Autos gleichzeitig durch unsere Straße. Wild ist wirklich was anderes.

Neben meinem Stillsessel liegt ein hoher Stapel Bücher: übers Stillen selbstverständlich. Über die Unterschiede zwischen Vor- und Hintermilch, über die Pflege wunder Brustwarzen, die Stillstellungen und das Bäuerchen danach. Außerdem Bücher über die Entwicklungsschritte eines Babys, über seine Ernährung und seinen Schlaf. Das ist mir alles Abenteuer genug.

Selbstverständlich haben wir einen Kinderwagen mit Blattfederung. Ich lese bei der Stiftung Warentest nach, welche der schadstoffarmen Babymatratzen am schadstoffärmsten ist. Und gebe für die ein horrendes Geld aus. Mir jagt sogar ein Latte macchiato Angst ein. Ist ja schlecht fürs Baby, das Koffein in der Muttermilch. Die Reiseführer über die Seidenstraße stehen jedenfalls längst wieder im Regal.

Unsere erste Reise zu dritt geht ins spanische Galizien. Unser Sohn Nepomuk ist gute drei Monate alt, hat dicke Backen, einen runden Buddha-Bauch, und egal, was wir mit ihm machen: Er strahlt. Während des Fluges nach Santiago de Compostela und während der Autofahrt zu unserem Ferienhaus an der Küste. Im Restaurant, beim Spaziergang am Strand und in den Bergen, auf dem Fischmarkt, bei der Hochzeit, zu der wir eingeladen sind. Er hängt in seinem Tragegestell vor unserer Brust, schaut sich von dort aus die

Welt an und strahlt. Oder schläft. Unser Sohn wird der nächste Dalai-Lama, kündigt mein Mann an.

Die Freude am Reisen hat sich wieder in unser Leben gemogelt. Die Sonne ist warm, der Café cortado schön stark und die Chorizo-Würste sind scharf, am Strand klatscht uns die kalte Brandung gegen die Beine. Abends, wenn Nepomuk schläft, nehmen wir das Babyfon mit in den Garten, legen einen frischen Fisch auf den Grill, schauen auf den Atlantik und reden. Über die Dinge, über die man so redet, wenn man Zeit hat. Nicht über die Arbeit also oder über das, was Nepomuk an dem Tag in die Windel gedrückt hat. Sondern über uns, über unsere Träume und die Zukunft. Und über die Seidenstraße.

Mit unserem kleinen Dalai-Lama scheint alles machbar. Wir fliegen zurück nach Hause, holen die Reiseführer wieder aus dem Regal, breiten die Landkarten von der Türkei, von Syrien und dem Iran in unserem Wohnzimmer aus.

Vielleicht ist es mit der Angst so wie mit den Allergien. Wer in einer sterilen Umgebung aufwächst, reagiert außerordentlich empfindlich auf jeden Pollen, der sich doch in sein Nasenloch verirrt. Und wer in einer schadstoffgetesteten TÜV-Bio-Welt lebt, der bekommt eben schnell auch mal Herzflattern. Das Immunsystem gegen die Angst ist schließlich an Fragen gewöhnt wie: Gebe ich meinem Kind als Erstes Möhren- oder Pastinakenbrei? Könnte das Chlor beim Babyschwimmen seiner Haut schaden? Muss man sein Baby wirklich immer auf die Minute genau ins Bett legen?

Oder die Sache mit der Angst ist so wie ein fieser Magen-Darm-Virus. Nämlich richtig ansteckend. Da braucht nur eine Mutter zu erzählen, sie habe jetzt die Hochzeit ihrer Kusine in Köln abgesagt; die lange Fahrt dorthin sei einfach zu anstrengend für ihr Baby.

Und schon schlucke ich das Wort »Seidenstraße« hinunter und bekomme ein flaues Gefühl im Bauch.

Andere Mütter sind heute ja in der Regel nicht mehr so drauf, dass sie einem ins Gesicht sagen: Was für eine bescheuerte Idee ist das denn bitte? »Ich würde mich das nicht trauen«, sagen sie eher. Oder: »So mutig wäre ich nicht.« Ich bin nur leider überhaupt nicht mutig. Ich habe eine Heidenangst davor, uns dreien könnte etwas passieren.

Und ich habe Angst, uns könnte nichts passieren.

Wenn mein Mann und ich in den Monaten nach der Geburt unseres Sohnes beim Abendbrot sitzen, dann hat er zehn Stunden mit seinem Chef und den Kollegen hinter sich. Ich habe zehn Stunden gestillt und gewickelt, den Kinderwagen durch Regen, Wind und überfüllte Drogerien geschoben, gesungen und in die Hände geklatscht, Grimassen geschnitten oder mit den Lippen geprustet. Wenn wir also zu Hause beim Abendbrot sitzen, dann reden mein Mann und ich recht selten über uns und unsere Träume. Eher über seinen Chef und Nepomuks Windelinhalte.

Klar, Steine werfende Mullahs sind verdammt gefährlich. Aber wenn man sich mal so die aktuellen Scheidungsstatistiken durchliest: Der Alltag zu Hause hat es auch in sich.

UNSERE REISE

David (33) zog mit Claudia (32) und den beiden Kindern Mia (3 Jahre) und Quentin (3 Monate) für zwei Wintermonate in ein Holzhaus im südkalifornischen San Diego.

DARAUF HABEN WIR GEACHTET: Uns war es wichtig, dass unsere ältere Tochter gleichaltrige Spielkameraden hatte. Daher haben wir nach einem Haus in einer normalen Wohngegend gesucht, in der andere Familien und nicht bloß

Touristen leben. Und daher sind wir überhaupt erst auf die USA gekommen: Die Menschen sind sehr offen und wir sprechen die Sprache; so kamen wir leicht in Kontakt.
DAS WAR SCHÖNER ALS ZU HAUSE: Zeit zu haben. Die beiden Monate haben unsere Kleinfamilie zusammengeschweißt. Sie haben uns gestählt für die Zeit danach; die elterlichen Überstunden, die langen Kita-Tage.
SO FANDEN ES MIA UND QUENTIN: Unsere Tochter redet noch heute, anderthalb Jahre später, von der Turngruppe im YMCA und von den beiden Nachbarskindern. Vor allem von deren drei Katzen. Und der Kleine? Der hat sich von Flug und Fremde nicht sehr beeindrucken lassen. Er war sogar ruhiger als zu Hause. Wir konnten mehr mit ihm draußen sein, mussten ihn nicht so dick einpacken.
MEIN RAT: Schon vor der Geburt die Reise planen! Nicht sagen: Wir lassen das auf uns zukommen. Dann macht man's nie, weil anfangs die Angst zu groß ist. In den ersten Wochen nach der Geburt sehen Neugeborene so zerbrechlich aus, dass man nicht ahnt, was man schon bald alles mit ihnen unternehmen kann. Und weil gerade die Frauen so mit sich und dem Neugeborenen beschäftigt sind, dass sie keinen Kopf für die Urlaubsplanung haben, müssen das die Männer übernehmen.

Reisen aus Sicht des Babys

Wie kann man nur mit einem Baby in ein fremdes Land reisen? Die Frage werden wohl alle Jungeltern beantworten müssen, deren Elternzeit-Reise weiter geht als an die holländische Nordsee oder in die Kärntner Berge. Was die Reise-Skeptiker dabei vergessen: Für ein Baby ist Köln genau so fremd wie Kairo. Wer so frisch auf der Welt ist, findet nämlich die quirlige Kölner Schildergasse ähnlich exotisch wie einen Basar. Entwicklungspsychologen wissen mittlerweile: Es dauert Monate, bis Babys die Welt auch nur ansatzweise mit den gleichen Augen betrachten wie ihre Eltern.

■ **WAS BEKOMMEN BABYS VON DER WELT ÜBERHAUPT MIT?**

Bei der Geburt hat das Gehirn eines Neugeborenen 100 Milliarden Nervenzellen. Also genauso viel wie das seiner Eltern. Aber: Seine Nervenzellen sind noch wenig vernetzt, seine Sinne unreif. Woche für Woche entwickeln sich von nun an seine Sinne – und dadurch auch sein Blick auf die Umgebung. Die Welt wird schärfer, kontrastreicher, verständlicher. Man könnte auch sagen: Für ein Baby wird die Welt tatsächlich immer größer.

Tasten: Früher wurden Neugeborene ohne Betäubung operiert. Man dachte, ihr Schmerzempfinden entwickle sich erst später. Heute weiß man: Bereits in der ersten Hälfte der Schwangerschaft reagieren Ungeborene auf Druck und Schmerz. Das Bedürfnis nach positiver Berührung und Körpernähe scheint ebenfalls von Anfang an fest in Babys verankert zu sein. So stabilisieren sich etwa Frühgeborene deutlich schneller, wenn sie mehrere Stunden am Tag an der Brust von Mutter oder Vater liegen dürfen.

Riechen: Unser Geruchssinn ist von Anfang an sehr fein. Schon Neugeborene können sehr genau zwischen Düften unterscheiden, haben Forscher herausgefunden. Sie hielten Babys wenige Stunden nach der Geburt einen Wattebausch hin, der mit dem Fruchtwasser ihrer Mutter getränkt war. Und einen weiteren, der nach dem Fruchtwasser einer anderen Frau roch. Alle Babys drehten sich in die Richtung des Geruchs, der ihnen noch aus dem Mutterleib bekannt war. Innerhalb von Stunden, höchstens Tagen, lernen Neugeborene außerdem, den Milch- und Schweißgeruch ihrer Mutter unter dem anderer Frauen herauszufinden. Ihr Geruchssinn bevorzugt also von Anfang an Vertrautes vor Fremdem.

Schmecken: Bei der Geburt hat der Mensch mehr Sinneszellen auf der Zunge und in der Mundhöhle als jemals später im Leben. Das Riechhirn, sehr vereinfacht gesagt: der direkte Draht zwischen Nase und Gehirn, bildet sich beim Fötus sehr früh aus; noch im Mutterleib lernt das Kind verschiedene Geschmäcker kennen. An jeder Mahlzeit, die seine Mutter isst, nimmt es Teil durch die Geschmacksstoffe, die in das Fruchtwasser gelangen. Kein Wunder also, dass Babys in den ersten vier Lebensmonaten sehr genau wissen, was sie trinken wollen: nämlich möglichst viel Süßes. Das ist durchaus sinnvoll, schließlich geht Zucker direkt ins Blut und versorgt so das sich rasch entwickelnde Gehirn mit Energie.

Sehen: Neugeborene haben einen weisen Blick, heißt es oft. Ihre Pupillen sind weit geöffnet, die Iris ist dunkel. Mittlerweile weiß man: Menschen sehen zu Beginn ihres Lebens ziemlich wenig. Und das auch noch verschwommen, mit wenigen Kontrasten und ohne Tiefenschärfe. Auch wenn die Augen selbst eigentlich von Anfang an komplett sind – erst Monate nach der Geburt sind die neurologischen Strukturen ausgereift. Bis zum sechsten Lebensmonat verbessert sich die Sehschärfe entscheidend.

Das müssen Babys nämlich erst noch lernen:
- Fokussieren: Ab dem zweiten und bis zum zehnten Lebensmonat lernt es, die Informationen aus beiden Augen richtig zu koordinieren. Anfangs schielt es manchmal; vor allem, wenn es etwas in seiner Nähe konzentriert betrachtet.
- Scharf sehen: Neugeborene können die Linse noch nicht krümmen, um auf ein bestimmtes Objekt »scharf zu stellen«. Sie nehmen ihre Umgebung daher anfangs nur sehr verschwommen wahr. Auch die Zahl der Sinneszellen auf der Netzhaut vergrö-

ßert sich in den ersten Lebensmonaten beachtlich; ein wichtiger Teil dieser Zellen, die Zapfen, müssen erst noch ausreifen.
- Kontraste erkennen: Kleine Babys schauen eher nach den Umrissen eines Kopfes als nach den Augen. An möglichst scharfen Konturen üben sie nämlich, später auch feinere Kontraste zu erkennen.
- Farben wahrnehmen: Auch wenn Kinder von Anfang an bestimmte Farben auseinanderhalten können – die Zahl der Farbrezeptoren vergrößert sich nach der Geburt noch deutlich.
- Mit dem Blick folgen: Die Augen eines Neugeborenen bewegen sich noch ruckartig. Mehr automatisch als bewusst schaut es bewegten Dingen hinterher. Erst ab dem vierten Monat werden die Blickbewegungen gezielter gesteuert, erst mit einem halben Jahr sehen Babys die Welt mit ähnlichen Augen wie Erwachsene.

WAS BEKOMMEN BABYS VON EINER REISE MIT?
Fabienne Becker-Stoll, Leiterin des Staatsinstitutes für Frühpädagogik in München, ist Expertin für die Eltern-Kind-Bindung und für die geistige Entwicklung in den ersten Lebensjahren. Ihre Beobachtung: Wenn Eltern die Reise richtig angehen, profitiert ihr Baby bei seiner Entwicklung sehr von dieser gemeinsamen Zeit.

FRAU BECKER-STOLL, WIE GUT VERTRAGEN BABYS EINEN ORTSWECHSEL?
Die Sinne sind am Anfang sehr auf die Mutter eingestellt und noch nicht so sehr auf die Außenwelt. Gerade in den ersten Wochen können Babys nicht besonders weit schauen; sie sehen beim Stillen gerade mal das Gesicht der Mutter scharf. Daher vertragen sie auch Veränderungen, solange sie bei ihren Eltern sind. Die sind am Anfang das Wichtigste überhaupt für einen Säugling. Je stärker die Bezie-

hung zur Mutter oder auch zum Vater zum Schutzraum für ein Kind wird, umso mehr kann in der Außenwelt passieren.

WIE SCHAFFT MAN DAS ALS VATER ODER MUTTER, SEINEM BABY EINE SOLCHE GEBORGENHEIT ZU GEBEN?
Wenn etwa die Mutter es von Anfang an in einem Tragetuch eng bei sich am Körper hat, wenn die beiden sehr symbiotisch sind und es beiden gut geht damit, dann ist das für ein Kind wie ein Puffer.

ALSO MUSS MAN SEIN BABY BLOSS INS TRAGETUCH ...
Ich will das Tragen nicht als Ideal hinstellen. Es gibt auch Babys, die mögen es nicht. Ich will nur sagen: Wenn die Mutter und das Kind gut damit klarkommen und daran gewöhnt sind, dann ist das ein wunderbarer Schutzraum. So können Sie als Mutter oder Vater viel abfedern. Da ist es fast egal, wohin Sie fahren; das Baby ist bei Ihnen wie in einem Kokon. In einem Buggy ist ein Kind allen Reizen ausgesetzt, ohne dass es sich bei Ihnen rückversichern kann. Im Tragetuch sieht, riecht, schmeckt es in erster Linie die Eltern. Das Tuch schützt gerade in einer Umgebung mit sehr vielen Reizen vor Lärm und vor Licht.

WAS WÜRDEN SIE SAGEN: MACHEN DIESE VIELEN NEUEN REIZE EINEM BABY ANGST ODER SPASS?
Das kommt aufs Kind an. Von Geburt an unterscheiden sich Babys darin, wie schnell sie sich von einem Reiz irritieren lassen und wie gut sie sich selbst beruhigen können. Es gibt Kinder, die brauchen Veränderungen, die blühen bei viel Trubel richtig auf. Es gibt aber auch Kinder, die geraten durch leiseste Geräusche oder Veränderungen sehr aus dem Konzept. Mit solchen sehr irritierbaren Babys sollte man nicht verreisen. Die brauchen nämlich eine Sache mehr als alles andere und das ist: ganz viel Struktur. Also ganz feste Tagesabläufe mit sehr wenigen Reizen; nur so kommen sie überhaupt aufs Gleis. Es gibt wenige Kinder, die so irritierbar sind. Und einige wenige, die so robust sind, dass überhaupt nichts sie aus dem Konzept bringt. Die meisten Babys sind irgendwo dazwischen.

BILDUNGSURLAUB FÜR BABYS?
Na, dem Kind ist es egal, in welchem Land es ist. Wovon es profitiert: Es hat auf einer Reise seine Eltern die ganze Zeit um sich. Und die Eltern sind entspannt. Sie müssen sich nicht mit Rechnungen oder Reparaturen am Auto rumschlagen; sie haben Zeit. Sie können einen halben Tag am Strand sitzen und mit ihrem Kind Muscheln und Stöckchen sammeln. Oder auf einer Wiese einen Bach erkunden. Sie haben Zeit und Ruhe, mit ihrem Kind die Welt zu erkunden. Von einer so intensiven Zeit mit den Eltern profitiert ein Kind enorm; auch die Entwicklung seines Gehirns. Natürlich kann man auch mit seinem Baby einen Tag in den Wald um die Ecke gehen. Aber wer macht das schon im Alltagsstress?

SIE WÜRDEN ALSO SAGEN: WENN MAN BEWUSST ALS FAMILIE VERREIST, HABEN ELTERN UND KINDER WAS DAVON?
Unbedingt. Die Elternzeit ist eine sehr schöne Möglichkeit, sich als Familie etwas zu gönnen. Da brauchen die Eltern auch kein schlechtes Gewissen zu haben. Wissen Sie: Wenn es Ihnen gut geht, dann geht es auch Ihrem Kind richtig gut.

■ IST MEIN BABY EIN GUTER REISEBEGLEITER?

Babys bringen ihr unterschiedliches Temperament bereits mit auf die Welt, darin sind sich die meisten Entwicklungspsychologen heute einig. So scheint jedem Menschen angeboren zu sein, wie groß sein Bedürfnis nach Aktivität ist, wie stabil seine Stimmungen sind, wie er auf neue Reize reagiert. Wie ein Baby auf Eindrücke reagiert, hängt vor allem damit zusammen, wie sein Gehirn mit ihnen umgeht. Konkreter: sein limbisches System. Dieser Teil des Gehirns ist nämlich für die Verarbeitung von Emotionen und die Entstehung von Trieben verantwortlich.

Für die Reiseplanung mit einem Baby bedeutet das: Erst während der ersten Monate werden Sie Ihr Kind tatsächlich kennenlernen, erst dann werden Sie wissen, was für ein Reisebegleiter es sein wird. Ein unkompliziertes Buddha-Baby, das eh nichts aus der Bahn wirft, oder ein sensibleres Kind, das nicht nur einen sehr geregelten Tagesablauf braucht, sondern auch vor allzu vielen Reizen geschützt werden muss. Auch dieses Kind kann selbstverständlich auf eine Reise mitgenommen werden. Nur: Die Eltern sollten ihre Route, ihre Zeitplanung, ihre Besichtigungspläne noch stärker an den Bedürfnissen ihres Babys ausrichten, als sie es mit einem unkomplizierten Kind eh schon tun würden. Und daran denken: Je mehr draußen passiert, umso stärker muss man selbst als Mutter oder Vater dem Kind Geborgenheit geben können.

So kann eine Reise nicht nur funktionieren, sondern im besten Fall sogar eine wichtige Lernerfahrung für ein sensibles Baby sein. Denn auch wenn heute als bewiesen gilt, dass unser angeborenes Temperament für den Rest unseres Lebens bleibt – Temperament bedeutet ja noch lange nicht Persönlichkeit. Psychologen schätzen heute, dass sich die Persönlichkeit eines Menschen zu etwa gleichen Teilen aus seinem angeborenen Temperament zusammensetzt und aus seinem Charakter, der das Temperament mit reguliert. Der Charakter aber bildet sich erst nach und nach heraus. Durch Erziehung, durch Vorbilder und vor allem: durch Erfahrungen.

■ **IN WELCHEM ALTER SIND BABYS GUTE REISEBEGLEITER?**
Das perfekte Reisealter gibt es nicht. Zum Glück. Man will ja nicht mit einem vier Monate alten Baby eine wunderschöne Reise machen – und sich danach für die nächsten Jahre zu Hause einschließen. Jedes Alter hat Vorteile. Und gleichzeitig auch Tücken:

Das erste halbe Jahr: Bei vielen Familien die entspannteste Zeit für eine lange Reise. Die Vorteile besonders kleiner Reisebegleiter: Sie brauchen noch keine feste Nahrung, die man entweder mitschleppen oder vor Ort kochen oder kaufen muss. Gerade Babys, die noch voll gestillt werden, reisen mit relativ leichtem Gepäck und kurzer Vorbereitungszeit. Und: Sie schlafen. Im Nachhinein denkt man manchmal: Sie schliefen damals den ganzen Tag. Stimmt zwar nicht ganz, zumindest aber schlafen Babys in den ersten sechs Monaten noch so viel, dass ihre Eltern problemlos mit ihnen im Tragetuch Museen anschauen, durch fremde Städte oder Burgen oder Basare bummeln, im Straßencafé sitzen können. Das ist zumindest der Optimalfall. Was im ersten Lebenshalbjahr allerdings auch ansteht und einem dann die Reise verleiden kann: Beim Kind Drei-Monats-Koliken. Bei der Mutter gesundheitliche und psychische Probleme nach der Geburt (Stichwort: Baby-Blues). Und vor allem die Ungewissheit. Das Baby kennt die Welt noch so gar nicht, die Eltern kennen ihr Kind noch nicht in- und auswendig; sich selbst als Eltern übrigens auch nicht. Das bedeutet: Gerade zu Anfang sind viele Familien noch sehr mit sich selbst beschäftigt und daher noch nicht wieder offen für die große, weite Welt. Da hilft dann nur: Alles erst einmal setzen lassen. Gerade wenn die ersten Wochen oder gar Monate nach der Geburt eher mühsam waren, kann ein Tapetenwechsel den Eltern irgendwann allerdings auch wieder sehr guttun.

Das zweite halbe Jahr: Babys nehmen nun sehr genau ihre Umgebung wahr. Das ist toll auf einer Reise: Sie erfreuen sich ja nun viel mehr an freundlichen Menschen, bunten Glaslampen, rauschenden Wellen am Strand, vor allem auch an ihren Eltern. Diese vielen Reize auf einer Reise können ein Baby natürlich auch verunsichern. Es beginnt zu fremdeln, schläft abends an einem fremden Ort vielleicht schlechter ein. Manchen Eltern ist das zu anstrengend. Ich würde sagen: Übung macht den Meister. Vielleicht gar nicht so schlecht, wenn das Baby spätestens jetzt sein Reisebett als Zweitbett zu akzeptieren lernt. Was eine Reise allerdings mit beinahe allen Babys im zweiten Lebenshalbjahr anstrengender macht: Sie können jetzt krabbeln, sich hochziehen, Treppen erklettern, zum Teil sogar ihre ersten Schritte laufen. Und genau das wollen sie auch tun, am liebsten den ganzen Tag lang. Sprich: Die Museumsbesuche und Stadtbummeleien werden für die Eltern immer kürzer, das Kind fordert Auslauf. Dazu kommen außerdem neue Forderungen: Essen, Spielzeug und möglichst auch noch andere Kinder als Spielkameraden.

Ab dem ersten Geburtstag: Einjährige sind unglaublich begeisterungsfähig. Für den Strand und das Meer, für fremde Menschen, für autofreie Altstadtgassen, die sie auf eigene Faust erkunden wollen. Einjährige sind eh schon Weltentdecker und Eltern können einen Heidenspaß dabei haben, die Welt mit ihnen gemeinsam zu entdecken. Als Eltern kennt man sein Kind nun ziemlich gut. Weiß sofort, wenn es müde, zufrieden, neugierig, hungrig oder gar krank ist. Das Leben mit Kind ist immer weniger Rätselraten. Einjährige werden aber langsam auch trotzig, wütend, immer mutiger, über alle Gefahrengrenzen hinaus. Ein Einjähriger ist wie zehn Säcke Flöhe gleichzeitig. Also eine Herausforderung. Die ist er aber zu Hause auch!

■ WIE FINDET MAN HERAUS, OB EINE REISE ALS FAMILIE FUNKTIONIEREN KANN?

Bevor Sie die ganz große Weltreise planen, macht es Sinn, eine oder mehrere kleine Testfahrten zu machen: ein Wochenende in eine andere Stadt oder ans Meer, ein paar Tage bei Freunden oder Großeltern. Das sind feine Gelegenheiten, um einmal im Kleinen auszuprobieren, wie das überhaupt geht: Reisen mit Baby. Wie schwer das Gepäck mit einem Mal ist und wie stressig die Vorbereitung sein kann, aber auch: Was für eine Freude das Reisen als Familie bringt und was Babys so alles mitmachen. In der Regel ist das nämlich mehr, als ihre Eltern ihnen zutrauen.

Tetris für Eltern

Babys sind böse. Ich weiß das seit dem Moment, als Nepomuk seinen ersten Zahn bekam und damit beim Stillen ordentlich zubiss. Mein Mann sagte das, als der Kleine ihm das erste Mal mit ungeschnittenen Fingernägeln an die Nase langte und kräftig zukniff. Seitdem sagt mein Mann es immer wieder: Unser Sohn wird doch kein Dalai-Lama. Der wird mal Massenmörder.

Draußen in der Welt scheint man das Terrorpotenzial von Babys schon länger zu kennen. Seit 2007 müssen sich selbst Neugeborene mit einem eigenen Kinderreisepass ausweisen. Und mit einem biometrischen Passbild.

Zum Glück. Fürs Fotoalbum ist das nämlich eine echte Bereicherung. Bis es am Ende ein Bild gibt, auf dem ein Baby gerade in die Kamera guckt und nicht das Gesicht verzieht, hat man eine ganze Serie beieinander. Der Kleine schaut nach links, nach rechts. Nach oben und unten. Lächelt. Zieht skeptisch die Stirn kraus. Schiebt herausfordernd das Kinn vor, legt nachdenklich den Kopf schief. Weint. Ein Gefühl nach dem anderen weht über sein Gesicht und wirbelt seine Mimik durcheinander. Comicreif!

Alleine dafür lohnt sich das Verreisen schon. Für die Versuchsserie, für den Pass, für das Visum darin.

Nepomuk liebt Reisevorbereitungen. So viel Spielzeug gibt es sonst nie in der Wohnung. In glänzendes, knisterndes Plastik verschweißte Einwegspritzen, zähschleimiger Hustensaft, raschelnde Packungsbeilagen, glitzernde Zäpfchenreihen. Gegen die Reiseapotheke hat nicht mal unser laut gackerndes Plastikhuhn eine Chance. Und das will echt was heißen.

Ohne Nepomuks Spieltrieb müsste ich beim Zusammenstellen der Reiseapotheke zur Pessimistin werden. Zwangsläufig. Dabei ist es eigentlich nicht meine Art, an alles zu denken, was einem widerfahren könnte. Aber so eine Einkaufsliste liest sich nun einmal wie ein einziges Worst-Case-Szenario. In Nepomuks Händen verwandelt sich der Berg an Sprays, Spritzen, Zäpfchen und Zeckenzange zum Glück schnell in ein buntes Unterhaltungsprogramm.

Reisen mit Baby verändert die Perspektive. Die Adressen in Istanbul, die ich vorab recherchiert habe, sind nicht etwa die von Hamams oder Dachterrassenbars oder Jungdesignern. Nach englischsprachigen Kinderärzten und Impfvorschriften habe ich gesucht. Nach Bio-Supermärkten und Baby-Yoga. Und zumindest Bio-Supermärkte sind in Istanbul wirklich nicht leicht zu finden.
Reisen mit Baby ist wie ein Tetris-Spiel. Tetris für Eltern. Im Flur liegt in sehr vielen Stapeln alles, was zwei Erwachsene und ein neun Monate alter Knirps brauchen. Für sieben Wochen. In drei Ländern, für die Berge und die Wüste, bei Zugfahrten und im Flieger; zum Anziehen, Essen, Spielen, Lesen, Schlafen. Und alle Stapel müssen verstaut werden: in zwei Rucksäcke. Die höchsten Stapel gehören selbstverständlich dem Kleinsten.

Der Kleinste hat das Kommando; auch das macht Reisen mit Baby anders. Gut, wenn man ehrlich ist, ist nicht nur das Reisen anders, sondern das ganze Leben. Aber Reisen ist nun einmal eine verschärfte Form des Lebens. Leben mit Baby bedeutet: abends nicht zu wissen, wie die Nacht werden wird, und morgens nicht, was am Tag kommt. Termine zum Windelwechseln oder Prognosen zu Laune, Appetit und Schlaf klappen nicht. Reisen mit Baby bedeutet: beim Aufbruch nicht genau zu wissen, was für eine Reise das wird.

Wir haben Ideen, ja, aber keinen festen Plan, und das ist für uns eher ungewöhnlich. Der Flug nach Istanbul ist gebucht und die Wohnung dort für die ersten zwei Wochen auch. Von da an gibt es nur noch Reservierungen und Ideen, wie wir weitermachen könnten: von Istanbul mit dem Zug durch die Türkei in den Norden von Syrien, nach Aleppo. Von dort aus eine Woche im Mietwagen durch Syrien. Dann zwei Wochen in Damaskus bleiben. Und falls wir das noch schaffen, von dort aus irgendwie rüber in den Iran. Wir haben einen Rückflug von Teheran nach Hamburg reserviert, aber keine Ahnung, ob wir überhaupt bis Teheran kommen.

Nepomuk bestimmt, wo es langgeht, obwohl er noch nicht einmal sprechen kann. Seine Gesundheit gibt die Route vor, seine Schlaf- und Essenszeiten sind das Gerüst für alle Tagesetappen. Mit seinem Lachen – oder Weinen – wird er uns navigieren. Ein Baby ist wie ein Reiseleiter; naja, sagen wir: Reisediktator. Alles hört auf sein Kommando.

Das perfekte Reiseoutfit für Nepomuk, das wir ihm später während der Reise kaufen: eine Diktatorenuniform. Sandfarben, mit Abzeichen und einer rosa Trillerpfeife.

Reisevorbereitungen

In Sachen Gepäck und Planung sind Babys echte Diven. Selbst für den Besuch auf einem Spielplatz im nächsten Stadtteil schleppt man für sie einen vollgepackten Rucksack mit sich rum: mit Windeln und feuchten Tüchern, Wechselklamotten, Trinkfläschchen, Obstpüree, Reiswaffeln, Sandspielzeug, Sonnencreme… Eine mehrwöchige Reise potenziert das Gepäck wie auch die Planung natürlich gewaltig. Daher eine Warnung vorweg: Babys sind keine Last-Minute-Reisenden.

■ **WELCHE DOKUMENTE BRAUCHT EIN BABY?**
Kinderreisepass: Seit November 2007 können Kinder nicht mehr in den Ausweis der Eltern eingetragen werden. Bei Reisen innerhalb der EU reicht ein Personalausweis; jenseits der EU-Grenzen brauchen selbst Babys einen eigenen Kinderreisepass. Der kostet 13 Euro und kann, wie die Ausweise der Erwachsenen, beim Einwohnermeldeamt beantragt werden. Unbedingt die Geburtsurkunde mitbringen und, falls Mutter oder Vater alleine den Pass beantragt: die schriftliche Zustimmung und den Personalausweis des fehlenden Elternteils. Wer geschieden ist oder das alleinige Sorgerecht hat, braucht auch die Sorgerechtsbescheinigung. Die schwierigste Hürde: ein Passfoto des Kindes, das den amtlichen Anforderungen entspricht. Das bedeutet: Das Kind muss gerade in die Ka-

mera schauen, darf nicht lächeln und nicht auf dem Schoß seiner Eltern sitzen, der Hintergrund muss neutral sein. Viel Spaß!

Visum: Welche Einreisebeschränkungen es im Reiseland gibt, listet zum Beispiel das Auswärtige Amt auf seiner Webseite auf: www.auswaertiges-amt.de. Da Länder mit Visumpflicht pro Reisepass ein Visum sehen wollen und bei uns ja eben auch schon Babys einen eigenen Reisepass bekommen, muss man dementsprechend auch für das wenige Monate alte Kind eine Einreiseerlaubnis beantragen. Die kostet leider fast immer genauso viel wie für Erwachsene.

Impfausweis: Den gelben Impfausweis oder Impfpass bekommt man mit der ersten Impfung vom Kinderarzt. Da er nach den Regeln der Weltgesundheitsorganisation (WHO) standardisiert ist, gilt er weltweit. Auch ein Arzt im Jemen wird wissen, was die Eintragungen des Kinderarztes in Wanne-Eickel zu bedeuten haben.

■ WAS PACKE ICH FÜR MEIN KIND?

Viel. Ob man zwei Tage, zwei Wochen oder zwei Monate fährt, macht da ehrlicherweise nicht einmal einen besonders großen Unterschied. Was genau man packt, hängt weniger von der Länge der Reise ab, als vielmehr vom Ziel, von der Unterkunft, von dem Klima vor Ort. Bei uns sieht das zum Beispiel so aus:

Unsere Herausforderungen: Starke Klimaveränderungen unterwegs (= Klamotten für Wärme und Kälte), mehrere Ortswechsel (= möglichst leichtes Gepäck). Da wir aber jeweils lange vor Ort bleiben (= Waschmaschine!), reichen Klamotten für wenige Tage.

Unsere Packliste:
- ✓ DOKUMENTE: Kinderreisepass, Impfausweis, Bescheinigung der Auslandskrankenversicherung.
- ✓ ADRESSEN: Zusätzlich zu denen, die eine Postkarte von unterwegs bekommen, empfiehlt es sich außerdem dringend, die Kontaktdaten vom Kinderarzt zu Hause und von der Auslandskrankenversicherung mitzunehmen.
- ✓ KLAMOTTEN: Drei komplette Kleidungssets (bestehend aus: Body, je nach Klima Strumpfhose oder Socken, Hose, Hemd und Pulli) sind das absolute Minimum auf einer Reise. Das bedeutet nämlich: Man hat eins zum Anziehen, eins zum Waschen und eins zum Trocknen. Ich würde allerdings gerade von Hemden, die beim Essen schnell verkleckern, eher doppelt so viele mitnehmen. Zu dieser Basisausstattung kommen je nach Klima Kälte- oder Sonnenschutz und je nach Krabbel- oder Laufstadium mindestens ein Paar Krabbelschuhe oder Straßenschuhe. Ein Tipp noch zur Wahl der Klamotten: Sind die in einer ähnlichen Farbe, können sie unterwegs alle in eine Waschmaschine. Das erleichtert einem die Organisation des Klamottenbestandes beträchtlich. Apropos: 1 Tube Waschmittel und eine Wäscheleine einpacken.
- ✓ FÜR NACHTS: 2 Strampler, 2 Schlafsäcke, denn ein Malheur gibt es doch immer irgendwann mal und dann braucht man in der Regel mitten in der Nacht dringend Wechselwäsche.
- ✓ ZUM WICKELN: 20 Windeln für den Start (die bringen einen über die ersten vier bis fünf Tage), 4 Molton-Tücher als waschbare Wickelunterlage, 4 Pakete feuchte Tücher, 1 Paket Trockentücher, Waschlappen (und zwar wiederverwendbare, Wegwerfwaschlappen stehlen nur unnötig Platz im Gepäck und verursachen Müll), 5 Schwimmwindeln (falls man irgendwo auf einen Pool stößt).

- ✓ ZUM ESSEN: 4 Spucktücher (die dienen uns auch als Lätzchen), 2 große Milchfläschchen mit Sauger und Deckel, 1 kleine Thermoskanne für unterwegs, 1 Dose zur Aufbewahrung von Milchpulver bei Tagesausflügen, 2 Plastikschälchen für den Brei, 4 Breilöffel, 1 Paket Säuglingsmilch, 1 Paket Getreidebrei, 1 Paket Babyzwieback zum Knabbern, 1 Paket Babytee, 1 Paket Humana-Heilnahrung (gegen Durchfall), 4 Gläser Gemüsebrei für die ersten Tage.
- ✓ TRAGEHILFE, EVTL. AUCH BUGGY
- ✓ REISEAPOTHEKE
- ✓ SPIELZEUG
- ✓ SONSTIGES: Schnuller! Und ein Babyfon für laue Nächte auf dem Dachgarten.

■ WAS PACKE ICH FÜR MICH ALS MUTTER?

In Sachen Kosmetika und Klamotten hat ja jeder mittlerweile jahrelange Erfahrung im Packen, dafür braucht man keinen Ratgeber. Zumindest stillende Mütter brauchen aber noch einen kleinen Raum im Koffer für extra Gepäck. Nämlich:

Milchpumpe: Auch wenn Sie nicht vorhaben, abzupumpen – irgendwann hat Ihr Baby mal keinen Appetit und Sie stehen mit dicken Brüsten in der Walachei…

Stilleinlagen: Selbst in Spanien hatte ich Schwierigkeiten, Stilleinlagen zu bekommen; letztlich gab es sie in der Apotheke für viel Geld. Mein Rat: Waschbare Stilleinlagen mitnehmen, damit spart man Gepäck und vor Ort lästige Sucherei.

Stillklamotten: Nicht in allen Ländern kann eine stillende Mutter mal so eben ihr Hemd hochziehen. Dezente Stilloberteile und dazu noch ein (je nach Klima vor Ort leichter oder warmer) Schal können Sie beim Stillen vor pikierten Blicken retten.

■ WIE PACKE ICH?

Packen für die ganze Familie bedeutet: Packen mit System. Gerade Wickelzeug, ein komplettes Set Ersatzkleidung und Lebensmittel für unterwegs sollten griffbereit sein. Entweder in einem eigenen Rucksack als Handgepäck oder zumindest in leicht zugänglichen Seitentaschen oder direkt oben im Koffer.

■ WELCHES SPIELZEUG DARF AUF KEINEM AUSFLUG FEHLEN?

Ich würde sagen: Luftballons und Seifenblasen. Das ist beides leicht, klein und kommt eigentlich immer gut an. Das sagen andere Mütter und Väter:

- »Vor Ort haben die Jungs mit dem Sand am Strand gespielt oder mit einem Wäschekorb. Was auf den Fahrten immer ging: Bücher« (Merle, Mutter von Kolja, 4, und Fitz, 1).
- »Aaron hat ein Schaf, das er immer zum Schlafen braucht. Ansonsten haben wir ihm einfach Sachen aus der Natur gegeben: Blätter, Stöcke und so« (Daniela, Mutter von Aaron, 8 Monate).
- »Wir hatten einen Stoffsack mit kleinen Dingen dabei: Reflektoren wie am Schulranzen, eine Holzschnecke vom Mobile, einen Beißring, eine Gummigiraffe. Und vier Bücher hatten wir dabei, mit denen konnten wir sie immer gut ablenken« (Katja und Klas, Eltern von Mieke, 11 Monate).
- »Ein Kuscheltier oder Kuscheltuch, wo der vertraute Geruch dran ist« (Kita Stadtzwerge, Kiel).

■ **WAS GEHÖRT IN DIE REISEAPOTHEKE?**
Gegen einen wunden Po: Wundcreme.
Gegen Fieber und Schmerzen: Thermometer, Zäpfchen (bei leichtem Fieber/Schmerz z. B. Viburcol, als stärkere Dosierung Paracetamol).
Gegen die Sonne und Insekten: Mückenspray und -netz, Sonnencreme (mindestens LSF 50), UV-wirksame Sonnenbrille, Gel gegen Insektenstiche und Sonnenbrand.
Gegen Wunden: Pflaster, Kompressen, Mullbinden, Wund- und Heilsalbe, Wunddesinfektion (am besten auf Alkoholbasis; jodhaltige Präparate lösen eher mal Allergien aus).
Gegen Erbrechen und Durchfall: Zäpfchen gegen Erbrechen (z. B. Vomex), Elektrolytlösung zum Flüssigkeits- und Salzersatz.
Für die Verdauung: Milchzucker.
Für Hals, Nase, Augen: schleimlösender Hustensaft, abschwellende Nasentropfen, Augentropfen gegen Bindehautentzündung.
Arbeitswerkzeug: Pinzette (zum Beispiel bei Zecken), Schere (um mal ein Pflaster zurechtzuschneiden).
Für die Verständigung vor Ort: Unbedingt ein Wörterbuch mitnehmen! Platzsparend und sehr hilfreich, wenn man durch mehrere Länder reist: ein Symbol-Wörterbuch zum Draufzeigen.

■ **WELCHE VERSICHERUNGEN SOLLTE ICH ABSCHLIESSEN?**
Die »Stiftung Warentest« empfiehlt für eine Reise folgende Versicherungen:

Auslandskrankenversicherung: Innerhalb der EU sowie in Ländern, mit denen Deutschland Sozialversicherungsabkommen hat, übernimmt die gesetzliche Krankenversicherung zwar Kosten bis zu den deutschen Höchstgrenzen, aber: Ein Krankenrücktransport wird nicht beglichen. In vielen Ländern, etwa den USA und Ägypten, werden keinerlei Kosten übernommen. Die »Stiftung Warentest« rät daher dringend: »Ein Muss ist für gesetzlich krankenversicherte Urlauber die Auslandsreise-Krankenversicherung«. Eine solche Versicherung kann schon für unter 10 Euro im Jahr und bis kurz vor einer Reise abgeschlossen werden.

Privatpatienten sollten sich bei ihrer Versicherung erkundigen, ob sie für ihr Reiseziel und ihre Reisedauer ausreichend versichert sind. In der Regel sind sie auf Reisen innerhalb von Europa grundsätzlich geschützt, in anderen Ländern allerdings nur für bis zu einem Monat. Einige Versicherungen übernehmen im Notfall den Rücktransport nach Hause, andere nicht. Da jede private Versicherung ihre eigenen Regeln hat: Unbedingt vor der Reise nachfragen, ob der bestehende Schutz ausreicht.

Private Haftpflichtversicherung: Es gibt wohl wenige Versicherungen, die jungen Eltern so sehr ans Herz gelegt werden wie die Privathaftpflicht. Und zwar nicht nur für eine Reise. Die Versicherung begleicht abgebrochene Brillenbügel, in Scherben gegangene Vasen und all die anderen Kollateralschäden von neugierigen Krabblern und Läufern – zu Hause wie auf Reisen.

Reiserücktrittsversicherung: »Sinnvoll ist der Schutz bei teuren Reisen und bei Reisen mit Kindern«, urteilt die »Stiftung Warentest«. Schließlich verschieben oder verhindern Mittelohrentzündungen oder Magen-Darm-Erkrankungen bei etlichen Jungfamilien die Abreise. Allerdings: Bei vielen Versicherern muss der Vertrag innerhalb von zwei Wochen nach der Reisebuchung abgeschlossen werden. Bei etlichen Versicherungen speziell für den Urlaub winkt die »Stiftung Warentest« allerdings ab. Folgende Angebote lohnen sich in der Regel nicht:

Reisehaftpflicht: Die private Haftpflichtversicherung gilt auch für Schäden im Ausland und reicht daher völlig aus.

Reiseunfallversicherung: Wenn schon eine Unfallversicherung abgeschlossen wird, dann sollte sie auch zu Hause gelten. Eine private Unfallversicherung springt auch bei Problemen im Ausland ein.

Reisegepäckversicherung: Für Urlauber mit einer Hausratversicherung ist sie schlicht überflüssig. Diese gilt nämlich auch bei vorübergehenden Auslandsaufenthalten, wenn etwa das Gepäck aus der verschlossenen Ferienwohnung gestohlen wurde oder der Versicherte Opfer eines Raubüberfalls wurde.
Wer sich über die aktuellen Angebote an Versicherungen informieren möchte: Die »Stiftung Warentest« veröffentlicht auf ihrer Webseite www.test.de regelmäßig Vergleiche.

■ WAS SOLLTE ICH VOR ABFLUG FEST GEBUCHT HABEN?

Darüber gehen die Meinungen auseinander. So wie auch beim Reisen ohne Kind die Meinungen eben auseinandergehen. Was meiner Erfahrung nach überhaupt keinen Spaß macht: erst vor Ort nach Mietwagen oder Hotels oder Ferienwohnungen suchen. Als Eltern verbringt man eh schon einen großen Teil des Tages mit organisieren (Wo gibt es Windeln? Wie mache ich jetzt den Brei warm? Wo kann ich meine Fläschchen abkochen?). Da ist man froh, wenn wenigstens die Organisation der Reise an sich steht. Andererseits: Eine zu starre Organisation wiederum nervt auch. Man möchte ja keinen Plan einhalten, sondern reisen, muss flexibel bleiben, wenn das Kind mal krank wird oder zwei, drei Tage Ruhe braucht. Gerade wenn es die erste große Reise mit Baby ist, hat man außerdem noch nicht genug Gespür dafür, wie viel Fahrtstrecke man am Tag zurücklegen kann oder möchte. Was bei Reisen mit Kind also empfehlenswert ist: auf jeden Fall mit Luft planen. Sich vor Ort ruhig auch mal eine Abkürzung gönnen (zum Beispiel ein Stück mit der Fähre fahren statt im eigenen Auto). Was für uns perfekt funktionierte: den Hinflug und die ersten Tage fest buchen; erst einmal in Ruhe ankommen können und von da an Reservierungen haben. Auch Autovermietungen und selbst Fluggesellschaften haben oft erstaunlich entspannte Rücktrittsbedingungen. Reservierungen ersparen einem die Suche vor Ort, aber geben auch genug Flexibilität, immer den Bedürfnissen des Kindes und den eigenen folgen zu können.

■ WIE MACHE ICH MEIN KIND REISEFERTIG?

Damit auf der Reise nicht alles neu ist für das Baby, macht es Sinn, wenn man es schon zu Hause an manche Dinge gewöhnt: zum Beispiel an das Reisebett; darin kann es vielleicht in den letzten Nächten vor der Abreise schon einmal schlafen. Je nach Alter kann man es auch an bestimmte Lebensmittel vorab heranführen. Wer etwa nach Asien oder in den Nahen Osten reist, sollte seinem Kind durchaus schon einmal Reis schmackhaft machen. Bekommt das Baby bislang immer nur Brei aus dem Glas, soll aber auf der Reise Selbstgekochtes essen, ist es klug, auch diese Umstellung bereits zu Hause anzufangen. Gleiches gilt natürlich für den Umstieg von Selbstgekochtem auf Gläschenkost.

Da man ja mit einem möglichst gesunden Kind zu einer Reise aufbrechen möchte, sollte man außerdem darauf achten, Impftermine nicht zu nah an den Reisetermin zu legen. Manche Babys reagieren auf Impfungen sehr empfindlich mit Fieber, Ess- oder Schlafproblemen. Oft übrigens auch erst mit etwa einer Woche Verzögerung. Außerdem aus eigener Erfahrung ein Tipp: Kurz vor der Abreise sollte man andere Kinder, die krank sind, schlicht meiden, auch wenn man sich eigentlich gerne von deren Eltern verabschieden möchte. Solange Kinder in dem Ich-stopfe-alles-in-meinen-Mund-Alter sind, stecken sie sich einfach sofort an.

■ WIE BEHALTE ICH DEN ÜBERBLICK?

Bei einem kleinen Ausflug zu Hause kann die klassische Stilldemenz ja noch possierlich sein: Mist, schon wieder die Windeln vergessen. Oder das Gläschen Obstbrei. Zu Hause weiß man aber auch genau, wo die nächste Drogerie ist, in der man all das bekommt, oder man fragt auf dem Spielplatz eine andere Mutter. Im Ausland kann jede Schusseligkeit lästige Sucherei vor Ort bedeuten. Um sich die zu sparen: Mindestens einen Monat vor dem Abflug eine ausführliche Liste schreiben. Was zu packen ist, wer noch einen Briefkastenschlüssel braucht, wen man bitten möchte, die Pflanzen zu gießen. Sollte die Reise in ein Land mit komplizierten Visumbedingungen und Impfvorschriften gehen, muss die Liste noch deutlich früher geschrieben werden. Ist sie einmal da, kann man dann Punkt für Punkt wegstreichen oder abhaken. Das gibt einem gerade in der Abreisehektik doch ein gutes Stück Ruhe.

Eine Prise Istanbul

Vier. Die erste Zahl kann ich noch erkennen. Was danach kommt, verschwimmt mir vor den Augen. Ist auch egal. Auf jeden Fall ist es mitten in der Nacht und ich bin wach. Die letzte Nacht, in der ich von abends bis morgens (morgens beginnt bei mir um halb acht, eigentlich eher acht) geschlafen habe, ist gut neun Monate her. Mitten im Schlaf begannen damals die Wehen; seitdem weckt mich mein Sohn Nacht für Nacht, mindestens ein Mal. Dieses Mal ist er allerdings unschuldig. Er liegt neben mir, atmet tief ein und aus, die Augen sind geschlossen, die Wimpern vibrieren ein ganz kleines bisschen. Herzzerreißend süß und ganz ruhig.

Der Lärm kommt von draußen. Schepperndes Gejaule. Hinter dem Fenster mischt sich eine Nuance Morgendämmerung in die Nacht. Der neue Tag bricht an, die Muezzine rufen zum Gebet. Aus der Dunkelheit schält sich die Silhouette der Stadt hervor: Minarette und Kuppeln, Balkone, Satellitenschüsseln. Istanbul.

Am Tag zuvor sind wir zu Hause aufgebrochen. Ein bisschen abgehetzt kamen wir am Flughafen an, verspätet; wie junge Familien halt so sind. Und schwer beladen. Auf dem Rücken ein Rucksack, das Baby vor der Brust, in jeder Hand eine Tüte. Am Flughafen weiß man von dem Terrorpotenzial von Babys übrigens noch nichts. Alles wurde mit einem Lächeln durch die Sicherheitskontrolle gewunken: Metallzylinder (unsere Thermoskanne), Flüssigkeiten (das heiße Wasser in der Kanne), weißes (Milch-)Pulver, lange Metallstangen (am Buggy). Mit Baby alles kein Problem.

Reisen mit Baby ist entspannter; manchmal zumindest. Bei Turbulenzen während des Fluges zum Beispiel. Die bereiten mir sonst eher feuchte Handflächen. Aber sie ruckeln auch ein Kind so sanft in den Schlaf wie sonst nur der Kinderwagen bei einem ausdauernden Elb-Spaziergang. Nur kommt man beim Elb-Spaziergang nicht so gut zum Lesen.

Lesen ist Luxus geworden. Der Reiseführer liegt ganz unten im Handgepäck; unter feuchten Tüchern, einer Rassel, Krabbelschuhen, Obstbrei. Vor lauter Babykrempel sieht man kaum das Ziel. Istanbul. Die Stadt mit den vielen Gesichtern: europäisch und asiatisch; der Bosporus trennt die Kontinente. Eine der ältesten Städte der Welt mit der jüngsten Bevölkerung Europas. Es scheint alles hier zu geben: Kirchen und Moscheen, Basare und Starbucks, Kopftücher und Cabriolets, Döner und Designer. Welches Istanbul man als Familie erlebt, steht nicht im Reiseführer. Familien sind in den Regalen der Buchhandlungen eher Zielgruppe von Führern à la »Südtirol mit dem Kinderwagen« oder »Babybuch Steiermark«.

Kinderspielplätze sind das erste Bild, das ich von Istanbul wahrnehme. Wir fahren im Taxi am Marmarameer entlang, die ersten Meter auf der Seidenstraße, und alles, was ich sehe, sind quietschbunte Klettergerüste, Schaukeln und Wippen.

Als wir den Schlüssel zu unserer Ferienwohnung abgeholt und unser Gepäck hochgewuchtet haben, bekommt Nepomuk eine frische Windel und ein Gläschen Brei. Auf dem Wohnzimmerboden liegt ein Perserteppich, von der Dachterrasse schaut man auf den Bosporus, das Goldene Horn und die Minarette der Blauen

Moschee, aber nachdem Nepomuk seinen Mittagsbrei über den weißen Ikea-Couchtisch geprustet hat und wir in der Küche seine Fläschchen, Breilöffel und eine große Packung Milchpulver aufgebaut haben, sieht es sehr schnell sehr vertraut aus. Das hier ist Baby-Alltag mit einer Prise Istanbul.

Wir gehen einkaufen. Vorbei an den Döner-Ständen, in denen das Fleisch an Spießen brutzelt. An den Cafés, in deren Auslage Berge von zuckersüßen Baklavas aneinanderkleben. An den Kebab-Imbissen, wo auf den Tischen kein Salzstreuer steht, sondern ein Schälchen Chilipulver. Hinein in den Supermarkt, zu den Regalen, in denen Windeln stehen und püriertes Obst, und zum Kühlregal. Das erste türkische Wort, das wir lernen, ist »Süt«. »Süt« bedeutet Milch.

Die Sachen in unserem Einkaufskorb sind die gleichen wie zu Hause, aber der Heimweg ist um diese Prise Istanbul anders. Auf dem kleinen Platz am Galataturm spielen ein paar Jungs Fußball. Nebenan im Café sitzen viele alte Männer; auf ihren Tischen stehen tulpenförmige Teegläser oder kleine, weiße Tassen mit dunklem, süßem Mokkakaffee. Drei Schuhputzer lungern auf Straßenpollern herum. Auf den Bürgersteigen zerreißen streunende Katzen Mülltüten und zerren Fleischknochen heraus. Beim Barbier lehnt ein Kunde den Kopf zurück und lässt sich Wangen und Kinn einschäumen.

Zu Hause, also in unserem neuen Zuhause, ist alles wie immer: die Breiflecken, das Wickeln, Waschen, Stillen, das Gute-Nacht-Lied. Nepomuk schläft. In unserem Wohnviertel gibt es sehr schicke Dachterrassenbars und Restaurants und Galerien; gerade an diesem Abend wird eine Vernissage gegeben. Haben wir gehört.
Es ist neun Uhr abends und wir sitzen auf dem Sofa. Ich blättere den Reiseführer durch nach Adressen. Für mich schreibe ich die schönsten Hamams und ein Café mit Zitronenbaumgarten ab. Für

meinen Mann das Museum für moderne Kunst und ein Ausstellungsgelände auf dem Campus einer Istanbuler Uni. Außerdem ein Restaurant, das mir eine Freundin als sehr romantisch empfohlen hat. Ganz unterkriegen lassen wir uns nicht. Bio-Supermärkte sind ja nicht alles im Leben.

UNSERE REISE

Isa (30) fuhr mit Martin (34) und Tochter Lotte (18 Monate) sechs Wochen im Wohnwagen durch Neuseeland:

LOTTES LIEBLINGSSPIELZEUG: Ein Magnetbuch.
DAS WAR SCHÖNER ALS ZU HAUSE: Wir hatten so viel Zeit als Familie. Das hat gerade Martin sehr genossen. Zu Hause bekommt er von Lotte weniger mit; im Urlaub konnte er sich ganz anders um sie kümmern. Paarzeit kann man sich bei so einer Reise allerdings abschminken. Wir haben Lottes Mittagsschlaf immer zum Autofahren genutzt – und sind abends dann quasi gleichzeitig mit ihr ins Bett gegangen.
DAS HABEN WIR GELERNT: Lotte hat in Neuseeland einen richtigen Entwicklungssprung gemacht. Weil wir ihr plötzlich mehr zugetraut haben. Es gab ja kaum Autos, nur weite Natur; da haben wir sie viel mehr alleine machen, sie viel weiter laufen lassen.
MEIN RAT: Nicht das Gleiche erwarten wie früher! Reisen mit Kleinkind bedeutet, dass man seinen Alltag einfach nur in ein anderes Land verlagert. Du bist nicht »ganz raus aus allem«. Du kaufst ja weiter Milch und Brei, wechselst Windeln, gehst auf Spielplätze, singst abends dein Gute-Nacht-Lied – nur eben in Neuseeland statt in Hamburg. Das war mir vorher nicht klar.

Fliegen mit Baby

Als Erwachsener könnte man im Flieger glatt neidisch werden: Babys bekommen im besten Fall ein eigenes Bett über den Schoß der Eltern gehängt, Geschenke gibt es bei vielen Airlines auch, und wenn die Eltern ihrem Kind ein bisschen bei Druckausgleich, trockener Kabinenluft und oft ja auch Zeitumstellung helfen, fliegen Babys oft bequemer als Erwachsene in der ersten Klasse.

■ WIE WIRD DER FLUG FÜR BABYS ENTSPANNT UND SICHER?

Flugmediziner Torsten Pollmann betreut seit Jahren Piloten und Kabinenpersonal bei Airlines wie Lufthansa oder Eurowings. Seine Privatklinik in Dortmund (www.primedica.de) bot als Erste auch Spezialsprechstunden zur Flugreisetauglichkeit an. Seine Ratschläge für einen guten Flug mit Baby, von A (Alter) bis V (Vorsorge):

Alter: Gesunde Babys dürfen ab dem achten Tag fliegen. Ich würde trotzdem raten, ein Baby erst mit etwa drei Monaten ins Flugzeug mitzunehmen. Da sind Kinder und Eltern entspannter. Und vor allem weiß man, dass das Baby auch wirklich gesund ist.

Bett: Reservieren Sie so früh wie möglich bei Ihrer Airline ein sogenanntes »Bassinet«. Die Bettchen können an die Trennwand zwischen Business und Economy Class gehängt werden und sind daher in der Anzahl sehr begrenzt.

Druckausgleich: In den ersten Lebensmonaten sind die Nasennebenhöhlen noch nicht voll entwickelt. Säuglinge tun sich daher schwerer mit dem Druckausgleich. Was hilft: bei Start und Landung das Baby an die Brust nehmen, ihm Fläschchen oder Schnuller geben. Das Nuckeln hilft gegen Ohrenschmerzen. Aber, auch wenn das in einigen Ratgebern empfohlen wird: Ein schlafendes Kind brauchen Sie nicht extra wecken. Die schreien dann meist, weil sie aus dem Schlaf gerissen wurden. Nicht wegen Ohrenschmerzen.

Erkältung: Hat sich das Kind vor dem Flug einen Schnupfen gefangen, gehen Sie unbedingt zum Kinderarzt und lassen sich beraten. Bei einer schweren Infektion sollte man nicht fliegen; dann schaffen die Kleinen den Druckausgleich nicht. Bei einem leichten Schnupfen helfen Nasenspray oder -tropfen.

Essen: Durch den niedrigeren atmosphärischen Druck in der Höhe dehnen sich die Gase im Darm aus. Geben Sie Ihrem Kind daher keine größeren Mengen an Essen als zu Hause; das beschert ihm bloß Bauchschmerzen.

Gate-Check-in: Geben Sie den Kinderwagen erst beim Einsteigen in den Flieger auf. Als sogenannten »Gate-Check-in«. Sonst werden die Wege am Flughafen ganz schön lang.

Kleidung: Babys fühlen sich am wohlsten in lockerer Kleidung und lieber eine Nummer zu warm als zu kalt. Speziellen Wärmeschutz, etwa an den Ohren, brauchen sie aber nicht. Das Risiko, sich durch die Klimaanlage im Flieger zu erkälten, ist äußerst gering.

Lüftung: Sie sollte dem Baby nicht direkt ins Gesicht pusten. Einfach oben in der Decke zudrehen.

Rhythmus: Versuchen Sie, den gewohnten Ess- und Schlafrhythmus Ihres Babys beizubehalten. Das reduziert den Stress deutlich.

Sitz: Wenn Sie sich Ihren Sitzplatz aussuchen können: Nehmen Sie einen in den vordersten Reihen oder aber gleich über den Flügeln. Dort ist das Flugzeug am ruhigsten. Hinten wird es eher mal turbulent und das löst bei einigen Kleinkindern Übelkeit aus.

Strahlung: Bei gelegentlichen Flügen richtet die Höhenstrahlung keinen Schaden bei Babys an.

Stress: Kindernotfälle an Bord sind sehr selten. Die häufigsten Probleme sind da noch: Kreislaufschwächen und Hyperventilation durch Aufregung. Bleiben Sie ruhig; das hilft am besten. Die Gefühle der Eltern übertragen sich nämlich direkt auf ihre Kinder – Flugangst, Aufregung und Stress etwa. Aber eben auch Ruhe und die Vorfreude auf den Urlaub.

Trinken: Es stimmt, die Kabinenluft ist recht trocken und Kinder sollten da fleißig trinken. Machen Sie sich aber in dem Punkt nicht zu viel Stress, denn Babys brauchen in der Luft nicht mehr Flüssigkeit als am Boden auch.

Vorsorge: Mit zunehmender Flughöhe nimmt die Sauerstoffsättigung im Blut ab. Bei Blutarmut oder einem angeborenen Herz- oder Lungenfehler ist das gefährlich. Daher: vor dem Flug ausschließen, dass Ihr Kind an diesen Erkrankungen leidet. Dafür reichen die klassischen Vorsorgeuntersuchungen U1 bis U9.

■ WIE SITZEN BABYS GUT IM FLUGZEUG?

Tja, die Antwort vom TÜV Rheinland auf diese Frage ist leider beängstigend. Beängstigend, weil er schon 1994 nachgewiesen hat, dass Kleinkinder im Flieger bei Notlandungen oder Turbulenzen nicht ausreichend gesichert sind. Seitdem ist quasi nichts passiert. Im Gegenteil: Der sogenannte Loopbelt war 1998 in deutschen Flugzeugen eigentlich schon verboten worden. Mit diesem Schlaufengurt werden Kinder unter zwei Jahren auf dem Schoß von Vater oder Mutter festgeschnallt. Das Problem: Bei einem Unfall wird der Erwachsene mit voller Wucht nach vorne geschleudert, schiebt das Kind auf seinem Schoß mit und klemmt es ein. Sein Kopf schlägt auf den Hinterkopf des Kindes; außerdem schneidet sich der Loopbelt tief in seinen weichen Unterleib. Seit 2008 ist der Loopbelt dennoch wieder erlaubt. Und die einzige »Sicherheitsmaßnahme« die Airlines kleinen Kindern bieten.

Teuer ist die Antwort vom TÜV Rheinland aber auch. Dort empfiehlt man nämlich: Eltern müssen sich selbst um die Sicherheit ihres Kindes an Bord kümmern – und einen eigenen Platz für das Baby buchen. Auch wenn Kinder unter zwei Jahren eigentlich beinahe kostenlos auf dem Schoß der Eltern mitfliegen würden. Nur auf einem eigenen Sitzplatz kann aber das Kind gut gesichert werden, so der TÜV Rheinland. Und zwar nicht mit einem üblichen Bauchgurt, sondern in einem flugtauglichen Autositz. Ob der an Bord tatsächlich genutzt werden darf, muss allerdings mit der Airline geklärt werden.

Eine gute Alternative zu schweren und sperrigen Autositzen ist der aufblasbare »Luftikid« der Fürther Firma Eitel Plastic. Gerade mal 1,4 Kilo wiegt er inklusive Pumpe; zusammengefaltet kommt er auf die Maße eines DIN-A4-Blattes mit einer Höhe von 20 Zentimetern. Und: Am Ziel angekommen, kann er außerdem als Autositz genutzt werden. Der Preis: ca. 160 Euro. Vertrieb nur über: www.luftikid.de.

Unser Kind wird entführt

… und zwar schon an unserem ersten Morgen hier. Wir schaffen es gerade ein paar Schritte aus dem Haus, bis zu einem Café in einer kleinen Seitengasse. Unsere Wohnung hat zwar viel, aber ausgerechnet eine Kaffeemaschine hat sie nicht. Nur so einen kleinen Mokkakocher und damit kann ich nicht umgehen. Ein Morgen ohne Kaffee ist aber eine schlimme Sache für mich und da ich dann wirklich äußerst miesepetrig bin, sind wir alle sehr erleichtert, als wir ein Café in der Nähe unserer Wohnung entdecken. Mein Mann fast noch mehr als ich. Von außen sieht es auch wirklich harmlos aus: dunkle Holztische und Bänke, kleiner Innenhof, keine Gäste, eine lächelnde Frau hinter der Theke. Also setzen wir uns rein und dann passiert es.

Erst kommt die Frau alleine hinter der Theke hervor. Sie wirkt noch harmlos. Gut, ihr Gurren und Quieken und Lachen sind eigentlich schon eine Warnung. Aber ich habe schließlich erst zwei Schlucke von meinem Cappuccino getrunken und bin also noch nicht wirklich in diesem Tag angekommen.

Außerdem ist mein Kopf damit beschäftigt, dass oben auf meiner Tasse Sprühsahne schwimmt und dass ich den klassischen Anfängerfehler gemacht habe: Cappuccino bestellen. In der Türkei.

Klar, dass man dafür bestraft wird. Mokka wird hier schließlich getrunken und eigentlich nicht mal der, sondern vor allem: Tee. So stark, dass er ohne Zucker gar nicht zu trinken wäre.

In meine Sprühsahne-Betrachtungen kommt plötzlich der Mann der Kellnerin gestürzt. Breites Kreuz, grauer Stoppelbart. Mit drei Schritten ist er da, streckt die Arme aus, greift sich unser Kind und weg ist er. Unser Kind auch. Ich schaue ihnen verwirrt hinterher und bleibe sitzen. Mir geht das zu schnell.

Nepomuk bekommt die Katze im Innenhof gezeigt, eine Brotstange in die Hand gedrückt und ziemlich viele Küsse auf die Backen. Als er uns irgendwann wiedergebracht wird, scheint zumindest ihn das gar nicht zu freuen. Stockholm-Syndrom.

Die nächste Entführung, beim Mittagessen, geht für uns besser aus. Wir haben einen kleinen Imbiss gleich um die Ecke entdeckt. Draußen hängt ein Netz mit geschätzten hundert Saftorangen, drinnen stehen zwei kleine Plastiktische und hinter der Theke drei Männer; eine Speisekarte gibt es nicht und nur zwei Gerichte: Spieß mit Lamm und Spieß mit Huhn. Dazu Reis und Salat, fertig. Wir haben unseren Stammimbiss gefunden.

Stammimbisse leben ja davon, dass die Kellner ihre Gäste mit Namen begrüßen können. Der Kellner unseres Stammimbisses heißt Mehmet, ist Kurde und kommt aus einem Dorf in der Nähe vom Berg Ararat. Mehmet begrüßt uns nicht mit Namen, wenn wir den Imbiss betreten. Er singt, sobald wir in die Straße einbiegen. Tanzt, klatscht in die Hände, dreht sich im Kreis, wirbelt Nepomuk durch die Luft, bis der vor Lachen quietscht. Vorher gibt Mehmet auf keinen Fall Ruhe.

Für uns ist das schon schöner, wenn unser Baby nicht bloß schnöde entführt, sondern gleich vor unseren Augen bespaßt wird. So lernen wir wenigstens die angesagten türkischen Schlager und Tänze kennen.

In einem Café schließen mein Mann und ich beim Frühstück Wetten ab wie beim Pferderennen: Schafft Nepomuk die Runde? Vom Nebentisch, zu dem er sich innerhalb von wenigen Minuten hinübergeflirtet hat, ist er weitergereicht worden zum nächsten Tisch. Vier Tische hat er auf diese Art schon geschafft. Er ist kurz vor der Kurve; dann ist Schluss. Der vierte Tisch hat angefangen, sich Sorgen zu machen. Nicht um unser Kind selbstverständlich. Der strahlt über beide dicken Buddha-Backen und kaut immer noch an den Kekskrümeln in seinem Mund herum. Man macht sich Sorgen um uns, weil wir unsere Hälse so nach ihm verrenken. Sehr rücksichtsvoll, die Türken.

Einmal, in einem ziemlich schicken Restaurant mit Blick über den Bosporus, komme ich von der Toilette zurück und mein Kind ist weg. Da ich das langsam gewöhnt bin, setze ich mich hin. Es dauert eine gute Viertelstunde, dann kommt ein Kellner durch die Schwingtür der Küche zurück, Nepomuk im Arm. Der Kellner setzt ihn mit höflichem Lächeln auf meinen Schoß. Kaum geht er davon, streckt mein Sohn ihm die Arme hinterher. Sein Mund ist immer noch dunkelbraun vom Schokoladenpudding.

Der Kollege einer Freundin hat es geschafft, seine Tochter bis zu ihrem vierten Geburtstag zuckerfrei zu ernähren. Ich habe es bis Istanbul geschafft. Dort ist mir die Sache irgendwie entglitten.

Und das Schlimme ist: Es gibt keine Aussicht, dass sich die Sache bessern würde. Im Gegenteil. Wir sind von vielen Seiten gewarnt worden: Je weiter wir auf der Achse des Bösen reisen, umso kinderlieber werden die Menschen.

UNSERE REISE

Merle (32) mietete mit Ulf (37) und den beiden Söhnen Kolja (4) und Fitz (1) für drei Wochen ein Strandhaus bei Kopenhagen.

DAS LIEBLINGSSPIELZEUG: Der Strand gleich vor der Tür. Und ein Wäschekorb; der wurde mal zur Eisenbahn, mal zum Schiff. Für die Fahrten Bücher.
DARAUF HABEN WIR GEACHTET: Wir wollten Stadt und Strand, Auslauf für die Kinder und Kultur für uns. Nicht den typischen Sand-Meer-Ferienwohnungsurlaub. Sondern auch etwas für uns Erwachsene.
DAS WAR SCHÖNER ALS ZU HAUSE: Unsere Kinder wurden überall so nett aufgenommen und angesprochen. Auch von älteren Kindern zum Beispiel; die fühlen sich bei uns immer zu cool, um sich mit Kleineren abzugeben. Ich glaube, Kolja und Fitz spürten selbst, dass sich keiner an ihnen störte. Dieser

Umgang mit den Kindern war für uns Eltern das Tollste am Urlaub. Wir hatten nie das Gefühl, zu stören. Es gibt durchaus Länder, in denen Familie als etwas Alltägliches und Schönes erlebt wird.
MEIN RAT: Mit Kindern reist man anders. Man muss den Urlaub besser planen und kann weniger spontan sein und braucht Geduld.

Andere Länder, andere Erziehung

Oft machen sich Eltern vor der Abreise Sorgen, ihr Baby könnte in einem anderen Land schlechteres Essen bekommen als zu Hause, es könnte schlechterer medizinischer Versorgung ausgesetzt sein und einem schlechteren Klima. Doch auch in anderen Teilen der Welt werden Kinder nicht nur groß, sondern auch glücklich. Und: Auch wenn wir unseren Kindern vielleicht den schadstofffreieren Brei, das hygienischere Trinkwasser, die rückenschonendere Kinderwagenfederung bieten können – ein paar Dinge können auch wir von anderen Kulturen lernen in Sachen Kindererziehung.

■ **DÜRFEN FREMDE MENSCHEN MEIN KIND AUF DEN ARM NEHMEN?**
Ja, sagt Helmut Jäger vom Hamburger Tropeninstitut. »Segeln Sie? Nein? Na, dann würde es Ihnen auch nichts bringen, wenn ich Ihnen erkläre, wie Sie bei welchem Wind das Steuer zu halten haben. Sie müssen schon selbst das Boot unter Kontrolle haben. Genauso ist es auch beim Reisen. Wenn Eltern mit einem Baby in Entwicklungsländer fahren wollen, dann müssen sie sich vorher sehr genau informieren. Sie brauchen vor Ort die Kompetenz, Situationen selbst einschätzen zu können. Das ist wesentlich; wer sich

nicht auskennt oder Angst hat, der sollte in andere Länder reisen. Was ich als Mediziner denke, wenn fremde Menschen ein Baby auf den Arm nehmen? Das ist recht harmlos. Ob man danach gleich das Desinfektionsspray zückt? Quatsch.«

Fragen Sie Ihr Kind, rät die Bindungsforscherin Karin Grossmann: »Es ist wichtig, Ihrem Kind genau ins Gesicht zu schauen: Lacht es? Dann kann es ruhig bei der fremden Person auf dem Arm bleiben. Lässt es die ganze Sache einfach nur über sich ergehen? Oder wendet es sich sogar zu seinen Eltern und streckt ihnen die Arme entgegen? Dann nehmen Sie es sofort zurück. Gerade im zweiten Lebenshalbjahr fremdeln Kinder nun mal eben. In allen Kulturen tun sie das. Das ist ein wichtiger Entwicklungsschritt: Kinder wissen nun ganz gewiss, wer ihre wichtigsten Personen sind, und bei denen wollen sie sein.«

WIE ERZIEHEN ANDERE KULTUREN IHRE KINDER?
Das verrät Heidi Keller vom Niedersächsischen Institut für frühkindliche Bildung und Entwicklung in Osnabrück. Die Entwicklungspsychologin und Kulturwissenschaftlerin hat mittlerweile so viele Mütter und Väter weltweit beobachtet, dass sie heute sagt: Richtig oder falsch gibt es bei der Kindererziehung nicht.

FRAU KELLER, WIR WAREN NICHT EINMAL EINEN TAG IN ISTANBUL, DA WURDE UNSER SOHN SCHON VON WILDFREMDEN MENSCHEN DURCH DIE GEGEND GESCHLEPPT.
Eigentlich ist in allen Menschen angelegt, mit bestimmten Gefühlen und Verhaltensweisen auf Babys zu reagieren. Es gibt so etwas wie einen universalen Pflegeinstinkt. Doch darüber stülpt sich unsere Kultur wie eine zweite Haut. Ein wesentlicher Unterschied im Umgang mit einem Baby ist: Bei uns gilt es als eine Art Privatbesitz der

Eltern. Vielleicht schauen wir ein fremdes Baby an, lächeln, sprechen mit ihm, aber wir bleiben auf Distanz. In anderen Kulturen werden Kinder von vielen Erwachsenen herumgetragen, nicht nur von den Eltern. In den Dörfern in Kamerun zum Beispiel, in denen wir forschen, würde man sich sehr wundern, wenn ein Baby nicht auch von Fremden auf den Arm genommen würde. Dort wird das erwartet. Für uns ist es dagegen ungewohnt.

FÜR UNSERE BABYS AUCH.
Es hängt sehr von der Reaktion der Eltern ab, wie Babys das verkraften. Wenn die Eltern es nicht gut finden, dann vermitteln sie das ihrem Kind; selbst wenn sie es nicht aussprechen. Ein Kind ist in erster Linie abhängig davon, ob es sich mit seinen Eltern sicher fühlt. Ist das der Fall, schadet es ihm auch nicht, mal von jemand anderem angefasst zu werden.

UNSER SOHN FAND DIE AUFMERKSAMKEIT GROSSARTIG.
Natürlich genießt ein Baby das, wenn es von vielen Menschen positiv aufgenommen wird. Diese Erfahrungen sind nun ein Teil seines Erfahrungsschatzes, seiner Biografie.

WAS BRINGT ES ELTERN UND KINDERN, IN EINEM FREMDEN LAND ZU SEIN?
Gerade ist eine Mitarbeiterin unseres Institutes mit ihren zwei kleinen Kindern in Kamerun. Für die Kinder ist das mit Sicherheit eine sehr schöne Zeit. Sie haben dort eine Kindheit, wie das bei uns vielleicht auch einmal der Fall war: Sie können alleine aus dem Haus rennen, immer sind andere Kinder zum Spielen da, in jede Hütte können sie hineingehen, überall bekommen sie etwas zu essen. Meine Kollegen, die mit ihren Kindern für längere Forschungsaufenthalte in fremde Kulturen gingen, sagen alle: Sie möchten diese Erfahrung nicht missen. Die Kinder haben sogar geholfen bei der Arbeit; sie sind der Türöffner schlechthin. Wer mit einem Kind in eine fremde Kultur geht,

wird dort freundlicher und netter aufgenommen; der erfährt mehr, erlebt mehr. Als Eltern bekommen Sie einen ganz anderen Zugang zum Alltagsleben der Menschen. Vom Kontakt mit einer anderen Kultur profitieren Sie in jedem Lebensalter. Wer ins Ausland geht, sieht: Andere Menschen machen bestimmte Dinge anders – und das geht auch. Es gibt nie nur den einen richtigen Weg. Es gibt viele Wege. Ich sehe andere Verhaltensweisen und automatisch denke ich über meine eigenen nach. Das ist eine sehr wichtige Erfahrung, um seinen eigenen Standpunkt zu entwickeln.

SIND DIE ERZIEHUNGSMETHODEN IN ANDEREN KULTUREN WIRKLICH SO VERSCHIEDEN?
Selbstverständlich. Unser Leben ist ja auch verschieden. Eine deutsche Frau Doktor, die mit 36 ihr erstes Baby bekommt, erzieht dieses anders als eine afrikanische Bäuerin, die acht Kinder geboren und drei davon verloren hat. Jede Kultur erzieht nun einmal ihre Kinder so, dass sie bestmöglich an die Gesellschaft angepasst sind.

WIE UNTERSCHEIDET SICH UNSERE ERZIEHUNG VON ANDEREN KULTUREN?
In fast allem. Die Details würden den Rahmen unseres Gespräches sprengen. Im Großen und Ganzen würde ich sagen: Nirgendwo stehen Kinder so sehr im Mittelpunkt wie in der westlichen Mittelschicht. Wenn bei uns ein Kind mit irgendeinem Anliegen kommt, dann unterbricht die Mutter ihre Tätigkeit und wendet sich ihm ganz zu. Das wäre in anderen Kulturen überhaupt nicht möglich. Dort sind Kinder im Alltag überall dabei, aber sie laufen nebenbei mit. Sie würden ihren Eltern nie widersprechen; Respekt und Gehorsam gegenüber den Eltern sind in anderen Kulturen ein hoher Wert. Dort würde kein Kind auf die Idee kommen, sich auf den Boden zu werfen und vor Wut zu brüllen, wenn die Eltern ihm etwas verbieten. Und Kinder sind dort eigenständiger: Mit einem guten halben Jahr lernen sie laufen, mit spätestens einem Jahr sind sie sauber. Ziemlich schnell

sind sie in einer Gruppe mit anderen Kindern organisiert. Die Erwachsenen sind nicht so exklusiv auf sie fokussiert.

IN EINEM ARTIKEL IN DER ZEITSCHRIFT GEO HABEN SIE VOR EINIGEN JAHREN BESCHRIEBEN, WIE SICH FRAUEN IN KAMERUN DAS FOTO EINER DEUTSCHEN MUTTER ANSCHAUEN: SIE BEUGT SICH ÜBER IHR BABY, DAS AUF EINER DECKE LIEGT. DAS KIND LACHT, DIE MUTTER LACHT; DIE AFRIKANISCHEN FRAUEN SIND ENTSETZT. SIE WOLLEN AUS DEM DORF JEMANDEN NACH DEUTSCHLAND SCHICKEN, DER UNS ERKLÄRT, WIE MAN RICHTIG MIT EINEM BABY UMGEHT.

In ihrem Dorf wird ein Kind im ersten Lebensjahr quasi nicht abgelegt. Sondern getragen: von der Mutter, aber auch von anderen Erwachsenen oder älteren Kindern. Sobald es quengelt oder weint, bekommt es die Brust. Wir dagegen überlegen erst einmal: Was könnte es haben? Und vor allem: Was könnte es wollen? Vom ersten Moment an halten wir Kinder für eigenständige Persönlichkeiten. Wir sprechen ständig auf sie ein, loben sie in den höchsten Tönen, halten viel Blickkontakt. Wir trauen ihnen sehr früh sehr viel zu. Damit überfordern wir Babys manchmal.

IST DAS ETWAS, WAS DIE DEUTSCHE FRAU DOKTOR VON DER AFRIKANISCHEN BÄUERIN LERNEN KANN: MEHR KÖRPERLICHE NÄHE ZU IHREM KIND ZUZULASSEN?

Viele unserer Babys sind in Sachen Körperkontakt an der untersten Grenze dessen, was sie brauchen. Das stimmt. Aber dennoch halte ich nichts davon, sich einfach einzelne Techniken von anderen Kulturen abzuschauen. Das funktioniert nicht. Nehmen Sie zum Beispiel das Tragen: Man schafft keine Nähe, indem ein dick verpacktes Baby mit einem Hightech-Trage-Gerät auf eine Mutter im Wintermantel geschnallt wird. Sie müssen die Strategien anderer Kulturen im Kontext sehen. In Kamerun wird ein Baby nicht nur getragen; dort läuft auch viel mehr über körperliche Kommunikation. Auf das kleinste

Zeichen hin wird es gestillt oder auf den Arm genommen. Bei uns müssen Babys dafür oft eine ganze Weile brüllen.

DAS KLINGT, ALS SEIEN WIR IM INTERNATIONALEN VERGLEICH GANZ SCHÖNE RABENELTERN...
Unsere Instinkte sind die gleichen wie in Afrika. Deutschen Müttern kommt es bestimmt auch als Erstes in den Sinn, ihr schreiendes Baby an die Brust zu legen, aber sie hören nicht auf ihren Bauch. Wir sind es gewohnt, alles rational zu sehen. An jede Frage schließen wir eine ganze Kette aus analytischen Argumenten an: Vielleicht ist es ja auch müde? Oder gelangweilt? Was hat das für Konsequenzen, wenn ich mein Baby jetzt stille? Also probieren die Mütter tausend Sachen aus. Das steigert die Verunsicherung nur noch, auch bei den Kindern.

WAS MACHT UNS SO UNSICHER?
Es macht uns unsicher, dass wir keinen Kontakt mit kleinen Kindern haben. Wenn eine Frau mit Mitte 30 zum ersten Mal ein Baby auf dem Arm hat und das ist ihr eigenes: Woher soll sie denn wissen, was zu tun ist? Die Frauen in Kamerun sorgen sich schon mit vier, fünf Jahren um die Babys im Dorf. Kein Wunder, dass sie als Mütter mit absoluter Selbstsicherheit und Überzeugung wissen, was sie mit ihrem Kind machen. Die lassen sich nicht von Ratgebern oder anderen Müttern auf dem Spielplatz verunsichern. Das ist vielleicht etwas, was wir wirklich von anderen Kulturen lernen könnten: sich auf sein Bauchgefühl zu verlassen, authentisch mit sich selbst zu sein und nicht ständig nach links und rechts zu schielen.

■ WIE FÜHLEN SICH BABYS IN ANDEREN KULTUREN?

Bereits ab dem vierten Lebensmonat haben Babys in verschiedenen Kulturen auch verschiedene Gefühle, hat Manfred Holodynski von der Universität Münster herausgefunden. Während etwa japanische Säuglinge in dem Alter deutlich ruhiger sind, lachen europäische Babys häufiger; sie äußern aber auch deutlich heftigeren Unmut. Die Erklärung des Entwicklungspsychologen: Bei uns werden Kinder deutlich mehr stimuliert als gerade in asiatischen Kulturen, wo sie schnell zur Ruhe gebracht werden. Kommt bei uns etwa ab einem gewissen Alter schnell ein lautes und strenges »Nein«, würden japanische oder chinesische Eltern deutlich ruhiger und gelassener mit ihren Kindern umgehen. Das Ergebnis: Der kindliche Ärger läuft dort eher ins Leere und mündet nicht in einen kreischenden Trotzanfall.

■ WARUM TUT ES BABYS GUT, ANGELACHT ZU WERDEN?

Irgendwann im zweiten Lebensmonat geschieht in der Regel der Moment, den Entwicklungsforscher als Startschuss der Kommunikation beim Baby bezeichnen: Es lächelt. Zum ersten Mal. Es lächelt nicht im Schlaf oder aus Versehen; das konnte es schon vorher. Nein, es lächelt seinen Eltern direkt ins Gesicht. Damit löst das Kind nicht nur größte Verzückung bei seinen Eltern aus, es steigt auch ein in eine zielgerichtete Kommunikation mit seiner Umgebung und in die Spiegelung der Gefühle anderer. Um seine Wahrnehmungs- und Denkfähigkeiten optimal zu entfalten, brauche das Baby ein Gegenüber, erklärte die Säuglingsforscherin Mechthild Papousek im Interview mit der Zeitschrift »Psychologie Heute«, denn: »Es ist nicht nur ganz existenziell auf Ernährung, Schutz und Sicherheit angewiesen, sondern auch auf Kommunikationspartner, mit denen es in gemeinsamen Interaktionen seine Fähigkeiten erproben und einüben kann.« Wenn Babys lächeln und von ihrem Gegenüber ein Lächeln zurückbekommen, dann ist das für sie in etwa so wie für uns Erwachsene ein liebevolles, anregendes, unterhaltsames Gespräch. Leider kommt ein solches Gespräch bei uns viel zu selten vor: Angeblich lächeln Babys und Kleinkinder täglich etwa 400-mal. Erwachsene bringen es dagegen gerade auf 15-mal Lächeln am Tag.

■ GIBT ES EINE UNIVERSELLE SPRACHE MIT BABYS?

Als »Schnurpsel-Syndrom« wurde vor einigen Jahren in einer Eltern-Kolumne die Sprache verballhornt, in der Erwachsene mit Babys sprechen. Also dieser hohe, langgezogene Singsang mit Vokabeln wie hutzidutzi, killekille, eididei. Zur Beruhigung für alle Mütter und Väter: Das machen alle so. Die Eltern im Kongo, in Japan, in Alaska; selbst Rhesusaffen kommunizieren mit ihren Jungen auf Schnurpselisch. Zu Recht, sagen Kommunikationspsychologen: Mit dieser sogenannten »Ammensprache« greifen Erwachsene (und übrigens auch schon dreijährige Kinder!) die Töne des Babys auf, verstärken sie noch und färben sie melodisch ein. Das ist für Babys ein äußerst unterhaltsames Spiel – und gleichzeitig knallhartes Sprachtraining. Dank der interessanten, leicht verständlichen Ammensprache wird ihre Aufmerksamkeit nämlich sehr früh auf die Sprache gelenkt. Lange bevor ein Kind wirklich sprechen kann, lernt es, mit seinen Eltern und anderen Erwachsenen zu kommunizieren. Damit es allerdings irgendwann tatsächlich Deutsch, Englisch oder Farsi spricht, empfehlen Pädagogen, ab dem ersten Geburtstag langsam doch in vollständigen Sätzen mit dem Kind zu sprechen. Schade eigentlich. Auf einer Reise in ein Land mit fremder Sprache ist Schnurpselisch eine gar nicht so schlechte Form der Verständigung.

Heiliger Spielplatz

Die Blaue Moschee in Istanbul hat eine Kuppel aus blau-weißen Fliesen, ganze sechs Minarette, 260 bunte Glasfenster und weichen, sauberen Teppichboden. Die perfekte Sehenswürdigkeit für ein neun Monate altes Krabbelbaby. Na gut, sagen wir: der perfekte Spielplatz.

Das fängt schon bei der wuchtigen Marmorsäule an. Sie trägt mit ihren drei Kolleginnen die 43 Meter hohe Kuppel. Und nun obendrein noch unseren knapp 80 Zentimeter großen kichernden Sohn. Ihr Sockel ist genau auf seiner Festhalte-Höhe, und Nepomuk dreht seine Kreise um die Säule, als habe er sich das bei den Derwischen abgeschaut.

Auch die haben wir in Istanbul besucht. Mönche im weißen Kleid; berühmt für ihre Disziplin und ihre Bescheidenheit und eben für ihre Kreise. Ein Arm ist zu Allah gen Himmel gereckt, der andere zur Erde. Der Kopf geneigt, die Augen geschlossen. Ein Fuß bleibt fest auf dem Boden, der andere tänzelt darum. Ihr Rock schlägt weiße Wellen, während sie sich drehen und drehen. Mehr als eine Stunde dauert der Tanz der Derwische. Gegen Ende werde ich ungeduldig. Nepomuk nicht. Der schaut zu den Derwischen auf der Bühne. Krabbelt ein bisschen über den Boden, wandert vom Schoß unserer Nachbarin zum Schoß ihres Nachbarn in die Reihe dahinter und gibt außer einem breiten Grinsen keinen Mucks von sich. Kein »Wann ist es endlich vorbei?« oder »Ich will aber Schokoladeneis!«.

Babys wollen noch kein Schokoladeneis, und wenn ihnen irgendetwas zu langweilig wird, dann schlafen sie einfach ein. Babys sind verdammt genügsame und geduldige Reisegefährten. An denen könnten sich manche Erwachsenen echt mal was abschauen.

Mit Baby kann man über den Basar bummeln, den Fischmarkt, durch die Istiklad Caddesi, Istanbuls bekannteste Einkaufsstraße. Man kann im Café sitzen und süßen Wabenhonig frühstücken oder im Imbiss einen 50-Cent-Döner verdrücken, auf der Fähre über den Bosporus und das Goldene Horn tuckern. Im Topkapi-Palast die alten Harem-Gemächer anschauen oder die Mosaikreste in der Hagia Sophia. Babys brauchen keinen Zoo, keinen Animateur, keinen Strand oder Pool, keinen Spielplatz.

Die Blaue Moschee reicht völlig. Die Marmorsäule wird zur Lauflernstange; das Kopftuch, das ich in der Moschee tragen muss, zum lustigen Versteckspiel: »Wo ist die Mama?« Das ist spannender als jede Rutsche oder Schaukel. Und am Ende hat man nicht einmal Sand im Ausschnitt oder am Trinkfläschchen.

Babys sind tolle Reisegefährten, nur muss man das erst einmal lernen. Am ersten Tag unserer Reise sind wir gerade mal in ein Café und in den Supermarkt gekommen. Den Rest des Tages verbringen wir auf dem Sofa. Nichts gegen Tage auf dem Sofa. Aber dieses hier ist genau die Ikea-Sorte, die zu Hause jeder Zweite in seinem Wohnzimmer stehen hat; wir fragen uns also ziemlich schnell: Wofür sind wir jetzt noch gleich drei Stunden geflogen?

Eltern und Erziehungsexperten sagen sehr oft das Wort »Rhythmus«, wenn sie die Dinge aufzählen, die ein Baby zum Glück braucht. Einen festen Rhythmus. Stillen, Morgennickerchen, Mittagsbrei, Nachmittagsnickerchen, Abendfläschchen, Gute-Nacht-Lied, Ins-Bett-Bringen zur immer gleichen Zeit. Worüber sich Eltern und Erziehungsexperten allerdings miteinander und untereinander streiten: Wessen Rhythmus? Wer dirigiert den Takt? Das Baby? Oder die Eltern?

Zu Hause hatten wir über die Monate einen Familienrhythmus gefunden. Vorgegeben durch die Arbeitszeiten meines Mannes, die Hungerattacken meines Sohnes und durch meine nachmittäglichen Latte-macchiato-Verabredungen. Es war zumindest so etwas Ähnliches wie ein Rhythmus; wir sind nicht die allermusikalischste Familie.

In Istanbul gibt es keine Arbeitszeiten und keinen Latte macchiato. Die Zeit ist um eine Stunde nach vorne verstellt worden. Wir kennen uns nicht mehr aus. Mein Mann und ich sitzen in unserem neuen Wohnzimmer und sind so ratlos wie ein Tanzpaar, das auf einen Schlag alle Schritte vergessen hat. Wir haben ein Problem. Wir sind aus dem Takt gekommen.

Wir lassen unseren Sohn in der Wohnung schlafen, damit er seine Ruhe hat. Wir lassen ihn im Wohnzimmer krabbeln, damit er seine Bewegung hat. Wir füttern ihn in der Küche, damit er nicht zu sehr abgelenkt wird. Wir wickeln ihn im Bad, weil es draußen doch so kalt ist und die Cafés bestimmt keine Wickeltische haben. Abends bringen wir ihn ins Bett, setzen uns wieder aufs Sofa und beschließen: Den Takt für einen schmissigen Rhythmus kann nicht nur einer vorgeben. Dafür braucht es schon uns alle drei.

Am nächsten Morgen packen wir einen Rucksack für den ganzen Tag und laufen über die Galatabrücke hinüber in die Altstadt Sultanahmet. Im Café sitzen mein Mann und ich in Plüschsesseln und frühstücken; Nepomuk legt den Kopf in den Nacken und zeigt auf die vielen Hundert bunten Glaslampen an der Decke. Wir schlendern durch die Hagia Sophia, Nepomuk schläft in seinem Tragegestell. Er krabbelt durch die Blaue Moschee und wir lesen im Reiseführer den ganzen Text über die Moschee, von vorne bis hinten.

Die Sonne geht unter, der Muezzin singt, wir bringen Nepomuk ins Bett und danach setzen mein Mann und ich uns aufs Sofa. Unsere Füße tun auf eine richtig schöne Art weh. Wie nach einem langen Tag, nach vielen Hügeln, Gassen, Treppen, Plätzen. Wie nach einer fremden Stadt, die so neugierig macht, dass man die Müdigkeit nicht merkt. Als ob ein Paar den Takt wiedergefunden hat und über die Tanzfläche wirbelt, bis beiden ganz schwindelig ist vor Glück.

UNSERE REISE

Markus (43) reiste mit Petra (41) und Tochter Judith (7 Monate) sieben Wochen durch Indien.

DAS LIEBLINGSSPIELZEUG VON JUDITH: Sie war glücklich mit allem, was wir ihr in die Hände gegeben haben; ein richtiges Spielzeug hatten wir gar nicht dabei.

DAS WAR SCHÖNER ALS ZU HAUSE: Die Inder sind so kinderfreundlich. Die Kellner haben sie uns praktisch aus den Händen gerissen, wenn wir im Restaurant waren, und wir konnten in Ruhe essen. Wir haben dort ein sorgloses Leben geführt und konnten perfekt abschalten. Das war schon ein großer Luxus: Zeit zu haben.

DAS HAT GENERVT: Der Rückflug. Wir sind die Nacht über geflogen und Judith konnte nicht gut schlafen. Sie hat ziemlich viel geweint. Zu Hause brauchte sie vier Tage, um sich wieder an die richtige Zeit zu gewöhnen.

SO FAND ES JUDITH: Am besten gefiel ihr die Wärme. Wir waren im Januar und Februar in Indien und es hat gerade mal an zwei Tagen kurz geregnet. Judith konnte immer leichte Sommerkleider tragen.

Buggy, Tragetuch, Beutel

Aus irgendeinem Grund dachten wir, einen Buggy mit auf die Seidenstraße nehmen zu müssen. Wir waren das von zu Hause so gewohnt, unser Baby im Wagen vor uns herzuschieben. Dann kam doch alles anders: In Istanbul gab es zu viele Treppen, in Syrien zu viel Wüstensand, im Iran wollten wir auf die Aussichtstürme der Paläste steigen und Nepomuk wollte eh am liebsten wie ein Kängurujunges in seinem Beutel vor unserer Brust hängen. Oder auf den Schultern seines Vaters thronen und die Welt von oben anschauen.

■ **WAS IST DAS BESTE TRANSPORTMITTEL FÜR BABYS?**
Menschen sind Nomaden, sagt Evelin Kirkilionis. Die Verhaltensbiologin weiß aus ihrer Arbeit: Ursprünglich zogen Menschen ständig umher und nahmen ihre Babys einfach mit, ganz eng am Körper.

»Jeder Nachwuchs ist an die Lebensbedingungen seiner Art angepasst und wir Menschen sind nun einmal eine etwas anders geratene Affenart. Erst vor etwa 10.000 Jahren wurden Menschen sesshaft. Bis dahin wanderten sie umher auf der Suche nach ihrer Nahrung; manche Kulturen tun dies heute noch. Sie sind oft in Bewegung und sie haben ihren Nachwuchs an jedem Ort dabei. Natürlich blieben damals die Umwelteindrücke recht konstant. Es ist schließlich etwas anderes, innerhalb einer Savanne von einem Ort zum nächsten zu ziehen, als von Hamburg nach Kairo oder Bangkok. Derartig extreme Wechsel, solch fremde Eindrücke sind für Babys schon beunruhigend. Sie können ja noch nicht einschätzen, inwieweit sich das Unbekannte als gefährlich entpuppen könnte.

Je verunsichernder die Signale von außen werden, umso stärker braucht ein Baby den direkten Körperkontakt. Aufgrund unserer Stammesgeschichte ist es daran angepasst, ununterbrochen in der Nähe seiner Vertrauensperson zu sein. Wird es getragen, so verliert Unbekanntes meist seine ängstigende Komponente. Spürt ein Baby seine ›Sicherheitsbasis‹ direkt und erhält Signale, dass alles in Ordnung ist, kann es eher neugierig auf Fremdes reagieren, Neues erkunden und positive Erfahrungen sammeln.

Bei den Affen krallen sich die Jungen mit Händen und Füßen im Fell fest. Wir Menschen sind dagegen durch unseren aufrechten Gang eine Sonderentwicklung. Bei uns Frauen ist der Hüft-Taillen-Bereich entstanden. An die anatomischen Veränderungen im Verlauf unserer Stammesgeschichte waren Babys natürlich stets angepasst.

Sobald Sie Ihr Kind hochheben, sehen Sie ihm das an: Es zieht automatisch die Beine an und spreizt sie. Setzen Sie es sich auf die Hüfte und stützen es im Rückenbereich mit einem Arm ab, klammert es sich mit den Beinen an.

Ein Kind ist in seiner ganzen Anatomie darauf ausgerichtet, in seinen ersten Lebensmonaten von den Eltern durch die Welt getragen zu werden. Auch wenn es zwischendurch immer wieder Zeit benötigt, um eigene Erfahrungen mit seinem Körper zu machen. Sobald es krabbeln kann, wird es mehr Freiraum für Bewegungserfahrungen brauchen; umso mehr dann, wenn es mit etwa einem Jahr laufen lernt. Der proprio-vestibuläre Sinn, mit dem wir die Stellung unseres Körpers im Raum, unserer Extremitäten, ihre Orientierung zueinander wahrnehmen und verarbeiten, ist ein ganz ursprünglicher Sinn; er wird schon weit vor der Geburt entwickelt. Wenn er angeregt wird, und das geschieht beim Tragen automatisch, dann wirkt sich das auf die gesamte Gehirnentwicklung aus. Wenn ein Baby richtig getragen wird, das heißt mit stark angewinkelten und leicht gespreizten Beinen, dann steht der Oberschenkelkopf ideal zur Hüftgelenkpfanne. Das ist die beste Stellung, damit sich das Hüftgelenk optimal entwickeln kann.

Aber auch die emotionalen Bedürfnisse eines Kindes sind darauf ausgerichtet, seine Eltern als Sicherheitsbasis direkt zu fühlen. Wenn es in direktem Körperkontakt ist, wenn ihm alle Sinne zeigen, dass die Eltern da sind, dann fühlt sich ein Baby absolut sicher.

Ich kenne genügend Eltern, die völlig ohne Kinderwagen oder Buggy ausgekommen sind. Egal ob auf Reisen oder zu Hause. Als ihr Kind klein war, hatten sie ein Tragetuch oder einen Tragebeutel; später einen Rucksack oder eine Kraxe für das Kind.

Mit einem Buggy oder auch mit Tragehilfen, in denen das Kind nach vorne schaut, tun sich Eltern in der Regel selbst keinen Gefallen. Im ersten Moment denken sie oft, das Kind sei darin glücklich, weil es so viel zu sehen hat und oft sehr aktiv wird. Aber Babys können in den ersten Lebensmonaten eben noch nicht zwischen wichtig und unwichtig unterscheiden. Sie nehmen alle Eindrücke auf. Das ist schon in der Fußgängerzone zu Hause anstrengend; bei fremden Geräuschen, Gerüchen, Bildern auf einer Reise erst recht. Das rächt sich in der Regel am Abend. Da verarbeiten die Kinder dann die ganzen Aufregungen des Tages und die Eltern merken: Nach einem munteren Tag, müssen sie ihr Baby nun ganz schön beruhigen.«

■ WIE FINDE ICH DIE RICHTIGE TRAGEHILFE – FÜR BABYS?

Expertin Evelin Kirkilionis rät, beim Kauf und bei der Benutzung einer Tragehilfe, ob Tuch oder Beutel, sehr genau auf die Körperhaltung des Babys darin zu achten. Viele Modelle, warnt Kirkilionis, berücksichtigen nicht die kindliche Anatomie – und sind damit ungeeignet.

- **DAS TRAGETUCH**

Mit einem Tragetuch sind – bei entsprechender Bindeweise – alle Positionen möglich, in denen ein Kind getragen werden kann: liegend vor der Brust oder sitzend auf der Hüfte, vorne oder auf dem Rücken. Die richtige Verwendung des Tragetuches erfordert etwas Übung, ermöglicht dem Kind dann aber eine ideale Haltung. Eltern sollten daher die Haltung des Kindes überprüfen und das Tuch derart binden, dass die Beinchen eine korrekte Stellung einnehmen: Sie werden bis zum rechten Winkel angezogen, besser sogar noch stärker. Die Rundung des Windelpaketes sollte tiefer liegen als die Kniekehlen. Und: Das Tuch muss den kindlichen Rücken fest umschließen, sodass das Baby Anlehnung an den Körper des Tragenden erfährt und sich daran aufrichten kann.

Für ganz Kleine ist besonders die Wickelkreuztrage geeignet: Zunächst ziehen Sie eine Tuchbahn quer über den gesamten Rumpf des Babys. Das Tuch verläuft sowohl auf dem Rücken des Kindes als auch auf dem der Eltern kreuzweise und führt unter den Beinchen des Kindes hindurch. Auch ungeübte Eltern kommen mit dieser Bindetechnik schnell zurecht, sodass das Tuch zumeist richtig gebunden ist und das Baby somit auch in einer guten Haltung im Tuch sitzt.

Ältere Babys werden gerne seitlich getragen. Sie haben einen freieren Blick, können ihr Interesse sowohl der Umgebung zuwenden als auch Blickkontakt mit den Eltern aufnehmen. Beim seitlichen Tragen nimmt der Säugling nicht nur eine für die gesunde Entwicklung der Hüftgelenke geeignete Beinstellung ein. Es werden zusätzlich während des Tragens bei jedem Schritt der Eltern und jeder Bewegung und jedem Umwenden des Babys Bewegungsreize auf die kindlichen Hüftgelenke übertragen. Das ist positiv für die Entwicklung der noch knorpeligen Gelenkstrukturen.

■ **TRAGESÄCKE ODER -BEUTEL**

Mit Tragesäcken oder -beuteln können auch Ungeübte leichter und schneller umgehen. Doch beim Kauf sollten Eltern diese Hilfen sehr kritisch unter die Lupe nehmen. Der überwiegende Teil der angebotenen Modelle ist ungeeignet, da er nicht die kindliche Anatomie berücksichtigt. Auf diese Kriterien sollten Sie achten:

- Der Stoffsteg zwischen den Beinen des Babys sollte so breit sein, dass er bis in beide Kniekehlen reicht und so in allen Altersgruppen für eine ausreichend angehockte Beinhaltung sorgt. Ein zu schmaler Stoffsteg macht dies unmöglich. Sind die Oberschenkel des Kindes aber zu sehr nach unten orientiert, werden sie ständig gegen den Körper des Tragenden gedrückt. Dieser permanente ungünstige Druck auf die Hüftgelenke beeinflusst deren Entwicklung ungünstig – bis hin zur Hüftdysplasie. Der Druck auf die gestreckten Babybeine würde außerdem zu einer unphysiologischen Hohlkreuzhaltung beim Kind führen.
- Für die Oberschenkel des Säuglings sollten keine nach unten bzw. seitlich orientierten Aussparungen vorgesehen sein. Auch das verhindert eine gesunde Hockhaltung beim Kind.
- Der Rücken des Säuglings muss ausreichend gestützt sein. Das Baby sollte sich an den Tragenden anlehnen und aufrichten können, was wiederum ein festes Umschließen des kindlichen Körpers durch die Tragehilfe voraussetzt. Es reicht vor allem bei sehr kleinen Säuglingen nicht aus, den Rumpf des Kindes durch ein Rückenteil zu unterstützen, das lediglich durch die Zugkräfte zweier Träger stabilisiert wird. Hierbei bleibt meist zwischen Kind und Tragendem zu viel Spielraum; das Baby sinkt dann in sich zusammen.
- Bei ganz Kleinen muss zudem das Köpfchen ausreichend gestützt sein.

Ein Tipp aus eigener (guter) Erfahrung: Hebammen sind sich sonst ja nicht in sehr vielen Dingen einig, diesen Tipp bekamen aber fast alle Mütter in meinem Bekanntenkreis. Die Manduca. Eine Trage für Kinder ab der Geburt beziehungsweise ab einem Körpergewicht von 3500 Gramm bis zu 20 Kilo. Das Baby sitzt in der orthopädisch korrekten Position: mit stark angehockten und leicht gespreizten Beinen, der Po ist tiefer als die Knie; die Hüfte des Babys kippt daher nach vorne, der Rücken macht sich rund und wird entlastet. Das Kind kann vor der Brust getragen werden, auf der Hüfte und auf dem Rücken. Und die Eltern müssen sich nicht einmal mit einer komplizierten Tragetuch-Binderei rumärgern. Die Manduca gibt es für ca. 100 Euro in diversen Kindergeschäften. Weitere Infos unter: www.manduca.de.

■ **WIE FINDE ICH DIE RICHTIGE TRAGEHILFE – FÜR KLEINKINDER?**
Sobald Kinder frei sitzen können, kann man sie vom Tragetuch oder -beutel in die Kraxe umsatteln. Der Vorteil einer Kraxe: Kinder haben etwas mehr Bewegungsfreiheit und Sicht und für Eltern erleichtert sie das Tragen oft ungemein, da sie noch besser auf der Hüfte aufsitzt und dadurch weniger Gewicht auf den Schultern lastet. Darauf müssen Sie beim Kauf achten: Der Sitz selbst sollte eine feste Lehne und eine Kopfstütze fürs Kind haben, falls es in der Kraxe einschläft. Außerdem möglichst atmungsaktiven Stoff. Der Träger sollte die Kraxe unbedingt im Laden aufsetzen und darauf achten: Kann ich das Traggestell gut an meine Größe anpassen? Preis: Gute Kraxen gibt es, etwa beim Outdoor-Ausrüster »Globetrotter« (www.globetrotter.de) ab gut 100 Euro. Unbedingt selbst ausprobieren statt online kaufen!

■ WIE FINDE ICH DEN RICHTIGEN BUGGY?

Setzt man das Gewicht und die Größe unseres Buggys ins Verhältnis mit seiner Benutzung (in zwei Monaten insgesamt maximal drei Stunden), würde ich im Nachhinein sagen: Auf unserer Reise war der Buggy das mit Abstand unsinnigste Gepäckstück. Das klassische Buggy-Dilemma: Reisebuggys sollte man möglichst schnell und möglichst klein zusammenklappen können und sie sollten leicht sein. Das fordert natürlich seinen Preis: Buggys haben eine schlechte bis gar keine Federung; für Kopfsteinpflaster, hohe Bürgersteigkanten, Treppen und nicht asphaltierte Straßen sind sie also nicht geeignet. Außerdem haben sie in der Regel keine feste Lehne, Babys können also erst darin gefahren werden, wenn sie selbstständig sitzen können. Darauf sollte man beim Kauf achten: Die Rückenlehne sollte möglichst verstellbar sein, damit das Kind auch mal im Buggy schlafen kann, und an fast allen Reisezielen braucht man ein Sonnendeck. Der Buggy sollte möglichst günstig sein! Im Laden gibt es halbwegs stabile Buggys ab 50 Euro. Noch besser: einen gebrauchten auf dem Flohmarkt oder bei ebay kaufen, dann ist es kein Drama, wenn er unterwegs doch einmal geklaut wird, kaputtgeht oder man ihn einfach verschenkt, weil man ihn vor Ort eben doch nicht wirklich gebrauchen kann.

Nepomuk im Morgenland

Man sollte in der Türkei Mutter-Kind-Kuren für Deutsche anbieten. Ein besseres Land kann es gar nicht geben. In der Türkei stimmt einfach alles und das Wetter ist tendenziell besser als bei uns. Das Kind hat so viele Animateure wie in allen Club Robinsons und Club Meds zusammen. Vor allem aber: Als Mutter kann man ausschlafen, und eine bessere Kur gibt es einfach nicht für Frauen, die seit einigen Monaten Mutter sind.

»Wie ein Karibikurlaub!«, schrie eine Freundin vor Freude in den Telefonhörer, als ihr Sohn zum ersten Mal um sechs Uhr morgens aufwachte. Statt um fünf oder vier oder was immer so kleine Knirpse auch für morgens halten. Demnach ist ein Urlaub in der Türkei die Steigerung eines Urlaubs in der Karibik. Wenn ein Kind nämlich zu Hause um sechs Uhr aufwacht, dann ist es in der Türkei bereits sieben. Auch wenn das für Nicht-Eltern nach Schönfärberei klingt: Von sechs auf sieben Uhr, das ist morgens ein echter Quantensprung.

Im Osten geht die Sonne auf, deswegen heißt der Nahe Osten ja auch in allen Kinder- und Abenteuerbüchern einfach bloß: das Morgenland. Für Eltern ist der Nahe Osten das Spät-aufsteh-Land. Das sollten die von der Tourismusbehörde wirklich mal in ihre Prospekte schreiben. Ein besseres Verkaufsargument gibt es in unserer Zielgruppe nicht.

Im Spät-aufsteh-Land gilt natürlich auch die Spät-ins-Bett-Regel. Was zu Hause acht Uhr abends ist, ist hier ja schon neun. Hat auch was. Nämlich den Vorteil, dass man am frühen Abend, sagen wir um sieben, durchaus noch als Familie nett essen gehen kann. Bevor es dann heim geht, aufs Sofa.

Nett essen als Familie, das muss man vielleicht einmal kurz (Noch-)Nicht-Eltern erklären, bedeutet nicht das Gleiche wie nett essen zu zweit oder zu dritt, viert, fünft oder überhaupt mit anderen Erwachsenen. Essengehen als Familie hat den Vorteil: Es ist auf jeden Fall ein Tisch frei; die Türken selbst kommen ja erst vier Stunden später. Es hat aber auch gewisse, sagen wir: Herausforderungen.

Die Herausforderungen sind innerer und äußerer Natur. Zu den äußeren Herausforderungen gehören: eine Babyhand im Spinatjoghurt, Pita-Brot-Fetzen auf dem Boden, vom Tisch fliegende Gabeln, Messer, Löffel, Aschenbecher, Teller, Gläser; man könnte meinen, auf dem Boden sei ein Magnet, der alles anzieht, was zuvor von Nepomuk berührt wurde. Diese äußeren Herausforderungen meistert man aber irgendwann mit links. Mit der rechten Hand isst man ganz schnell seinen Teller leer, bevor auch der zur Diskusscheibe wird.

Die inneren Herausforderungen sind härter. In manchen Ländern fordern sie einem ab, blind zu werden. Für die hochgezogenen Augenbrauen an den Nachbartischen, falls mal ein Krümel zu Boden fallen sollte. Erst recht, wenn das dann auch noch durch einen fröhlichen Juchzer begleitet werden sollte. In der Türkei muss man eher mal wegschauen, wenn sich kindervernarrte Kellner oder Köche anpirschen. Die stopfen kleinen Kindern nämlich gerne mal einen Löffel in den Mund, und das, was da drauf ist, ist nie gesund.

An manchen Abenden holen wir uns um die Ecke einen Döner und essen den zu Hause im Wohnzimmer, während Nepomuk die Wohnung mit Spinat- oder Möhrenbrei sprenkelt. An anderen Abenden koche ich Blumenkohl-Kartoffel-Matsch und den essen wir zu dritt. Extra salzfrei, weil Babys es ja nicht so gewürzt haben sollen.

Aber hin und wieder brauchen wir auch mal Würze. Erst recht in einem Land, in dem die Gerichte Namen haben wie: Damennabel, Die Lippen der Schönen, Mädchenbrüste, Frauenschenkel-Frikadellen, Der Imam fiel in Ohnmacht. Das klingt so wie früher in meinen Abenteuerbüchern, in denen das Spät-aufsteh-Land Morgenland genannt wurde, in denen Teppiche fliegen und Lampen Wünsche erfüllen können. Wobei: Bei dem Essen brauche ich nicht

mal mehr an einer Lampe zu rubbeln. Thymiansalat, Eintopf mit Granatapfel, Reissoufflée, dazu ein Glas Maulbeersaft und zum Nachtisch kandierte Oliven und Tomaten.

Essen als Familie ist nett, auf der Seidenstraße.

Schlaf, Kindlein, schlaf

Wir hatten Nepomuk gerade so weit. Kurz vor unserer Abreise schlief er in seinem eigenen Bett in seinem eigenen Zimmer, er brauchte nachts weder Milch noch Nähe, er schlief durch und wir jubelten. Dann brachen wir auf. Schon in der ersten Nacht in Istanbul holten wir ihn zu uns ins Bett. Eine Ausnahme, dachten wir, weil an diesem Tag doch alles so aufregend für ihn war, weil die Umgebung hier fremd ist; weil wir wollten, dass es ihm unterwegs mindestens so gut geht wie zu Hause. Die Ausnahme dauerte: Bis zum Ende der Reise wachten wir morgens zu dritt im Bett auf, ineinander verkuschelt – und glücklich damit.

WIE SCHLÄFT MEIN KIND GUT IN DER FREMDE?
Das erklärt Jürgen Zulley, Leiter des Schlafmedizinischen Zentrums am Bezirksklinikum Regensburg:

HERR ZULLEY, DER SCHLAF EINES BABYS IST SCHON ZU HAUSE KEIN LEICHTES THEMA…
Im Schlafverhalten von Babys gibt es dramatische Unterschiede. Viele Eltern machen sich Sorgen, warum ihr Sohn oder ihre Tochter so viel schlechter schläft als das gleichaltrige Kind von Freunden. Dabei ist das Schlafverhalten von Geburt an mitgegeben.

LEICHTER WIRD ES NICHT, WENN DAS KIND AUF EINER REISE DANN NOCH IN EINER UNGEWOHNTEN UMGEBUNG SCHLÄFT.

Das stimmt. In den ersten drei Monaten spielt die vertraute Umgebung zwar noch eine deutlich geringere Rolle. Aber dann gibt es einen Schnittpunkt. Das Baby entwickelt einen festen Tag-Nacht-Rhythmus und wird anfälliger für Störungen von außen, wie zum Beispiel fremde Geräusche und Gerüche. Wacht es nachts auf, nimmt es die wahr und erschrickt. Auch ein anderer Tagesablauf und eine andere Ernährung lassen sie nachts schlechter schlafen. Trotzdem: Kleine Kinder sind nicht so abhängig von ihrer Umgebung wie Erwachsene, denn ihr Schlaf ist weniger störbar.

WENN DAS BABY NUN ABER DOCH NACHTS AUFWACHT: WAS MACHEN ELTERN DANN? NEHMEN SIE ES ZU SICH INS BETT, GEBEN IHM VIELLEICHT SOGAR EIN FLÄSCHCHEN MILCH ODER DIE BRUST, OBWOHL DAS THEMA ZU HAUSE EIGENTLICH LÄNGST DURCH IST?

Ich würde sagen: Ja. Im Urlaub lohnt es sich nicht, zu streiten, und die fremde Umgebung ist für ein Kind ja auch tatsächlich irritierend. Geben Sie Ihrem Baby nach der Rückkehr zwei, drei Tage zum Ankommen und dann führen Sie es wieder dahin, alleine in seinem Bettchen zu schlafen.

WIE KANN MAN SEINEM KIND NOCH HELFEN, IN DER FREMDE BESSER ZU SCHLAFEN?

Kinder brauchen etwas Vertrautes. Sie könnten es zum Beispiel schon zu Hause daran gewöhnen, in seinem Reisebett zu schlafen. Und, falls Ihr Kind das noch nicht hat: Geben Sie ihm ein Stofftier oder ein Schmusetuch zur Seite. Für viele Babys ist das sehr wichtig. Während der Reise sollten Sie darauf achten, dass Ihr Kind tagsüber nicht allzu vielen Reizen ausgesetzt wird. Die muss es nämlich sonst nachts verarbeiten und schläft schlechter. Gönnen Sie ihm also auch tagsüber Auszeiten, in denen es in Ruhe in der Ferienwohnung schläft oder spielt. Babys brauchen Pausen. Sonst überdrehen sie, und das ist Stress. Für die ganze Familie.

■ WIE SCHAFFT MEIN KIND DIE ZEITUMSTELLUNG?

Hunger, Schlaf, körperliche Nähe – wenn Babys oder Kleinkinder ein Bedürfnis haben, gibt es kaum Aufschub. Sprich: Mit Disziplin hält ein Baby oder Kleinkind am Urlaubsort nicht durch, bis es auch dort endlich Abend wird. So helfen Sie Ihrem Kind schonend dabei, seine innere Uhr auf die neue Zeit umzustellen:

Zu Hause: »Verschieben Sie am besten schon zu Hause die Schlafzeiten stückchenweise in die Richtung, in die es gehen soll«, rät Jürgen Zulley.

Während der Anreise: Setzen Sie am besten die Vorbereitung von zu Hause weiter fort. Sprich: Sie orientieren sich am eigentlichen Schlaf- und Essensrhythmus Ihres Kindes. Schieben den aber weiter in Richtung der Zeit am Zielort.

Am Urlaubsort: Nun gilt es, hart zu sein, sagt Zulley: »Stellen Sie am Zielort möglichst gleich auf die örtliche Zeit um. Ist es dort noch Nachmittag, für Ihr Kind aber längst Abend, gehen Sie mit ihm nach draußen. Tageslicht ist ein wichtiger biologischer Wecker. Erwachsene brauchen etwa einen Tag Gewöhnungszeit pro übersprungene Zeitzone – Kindern geht es ähnlich.«

Das Abendessen: Neben der Müdigkeit ist der zweite Feind bei einer Zeitumstellung der Hunger. Gerade kleine Kinder wachen nachts auf – und fordern ihr Frühstück, Mittagessen oder Abendessen ein. Vor dem Ins-Bett-Bringen das Kind also noch einmal besonders üppig füttern – mit den richtigen Nahrungsmitteln. Denn leicht verdauliche, kohlenhydratreiche Speisen machen schön müde, eiweißreiche Nahrung setzt dagegen nur neue Energien frei.

- **WORAN ERKENNE ICH EIN GUTES REISEBETT?**

Reisebetten sind so verschieden wie der Schlaf der Kleinen. Es gibt also gute, mittelmäßige und eher bescheidene. Darauf sollte man beim Kauf achten:

- Das Auf- und Abbauen sollte nur zwei Handgriffe kosten. Eltern möchten schließlich nachts genauso wenig die Bedienungsanleitung lesen wie, sagen wir mal, Milchfläschchen ansetzen oder Einschlaflieder singen. Also unbedingt im Laden einmal selbst auf- und abbauen!
- Mit Kleinkind hat sich das Reisegepäck eh schon vervierfacht. Mindestens. Da sollte wenigstens das Reisebett möglichst klein zusammenfaltbar und leicht sein. Das Gewicht schwankt zwischen über zehn Kilo (völlig untragbar!) und unter zwei Kilo. Viele Betten werden in einer eigenen Tasche geliefert; so sind sie leichter zu transportieren und falten sich nicht aus Versehen auf.
- Leicht heißt aber nicht empfindlich. Im Gegenteil; Reisebetten sollten aus möglichst strapazierfähigem Material sein. Schließlich sind Reisen Strapazen – zumindest fürs Gepäck.
- Wenn man mal ehrlich ist: Isomatten haben selbst zu Unizeiten schon genervt. Auch Babys wollen halbwegs komfortabel gebettet sein. Gut für unterwegs sind aufblasbare Matratzen; eine perfekte Kombi aus kleinem Raum im Gepäck und anständiger Dicke beim Schlafen.
- Ältere Kinder brauchen eine Ausstiegsluke!
- Um sicherzugehen, dass das Bett alle gängigen Sicherheitsstandards erfüllt und aus ungefährlichen Materialien geschustert ist: Beim Kauf auf TÜV- und DIN-Siegel achten!
- Meiner Erfahrung nach besonders praktisch: ein Reisebett in Zeltform. Die Kleinen mögen das Höhlengefühl, die Eltern schätzen das schnelle Aufklappen und das leichte, kleine For-

mat für unterwegs. Schöne Nebenwirkungen: Es kann komplett geschlossen werden; schützt also auch vor Mücken und anderen Viechern, und am Strand hat man gleich noch eine Schattenoase fürs Baby dabei. Solche Zelte gibt es etwa von dem Outdoor-Ausstatter »Nomad« (können zum Beispiel über www.globetrotter.de bestellt werden) oder etwas günstiger von der niederländischen Firma »Deryan« (über www.baby-markt.de).

Beinahe: Mord im Orientexpress

Die dicksten Brotkrumen, Birnenstückchen und Cornflakes haben wir weggekehrt, die Breiflecken vom Sofa gewischt. Familien sind so etwas wie der Elchtest für Ferienwohnungen. Diese hier hat uns ganz gut überstanden. Bis auf das weiße Sofa zumindest. Aber wer stellt auch schon ein weißes Sofa in eine Ferienwohnung? Die paar Möhrenbreispritzer wurden jedenfalls vom dazugehörigen Tisch gerächt. Auch weiß, auf den ersten Blick ganz unschuldig; aber mit verdammt scharfen Ecken. Die Rache der Tischkante schimmert immer noch bläulich-lila auf Nepomuks Stirn.

Eigentlich haben wir uns aber prima verstanden, die Wohnung und wir, und darum bleibe ich noch einen Moment im Türrahmen stehen. Ich hasse Abschiede, selbst von Ferienwohnungen.

Wir ziehen die Tür ins Schloss; möglichst leise, damit Nepomuk nicht aufwacht. Der ist – Babys sind nun einmal Gewohnheitsmenschen – wie jeden Abend um neun Uhr ins Bett gegangen. Anderthalb Stunden später wuchten wir ihn um in unsere Tragehilfe, schultern die Rucksäcke und schleichen hinaus in die Nacht und den Nieselregen. Alles ganz leise, bloß keine schlafenden Babys wecken.

Das erledigt die Fähre. Vielleicht tutet sie so laut, weil es nun mal die letzte Fähre über den Bosporus ist für diese Nacht. Vielleicht gehört es sich auch einfach nicht einmal für ein Baby, schlafend den Kontinent von der europäischen Seite Istanbuls auf die asiatische zu wechseln. Auf jeden Fall tutet, fiept, brummt, kreischt, quietscht, scheppert sie wie ein Chor aller Wecker Istanbuls. Nepomuk wacht auf und strahlt. Sagte ich schon, dass Babys verdammt geduldige Reisebegleiter sind?

Um Mitternacht rollt unser Zug aus dem Bahnhof Haydarpasa. Da sind wir längst in unserem Zwei-Bett-Schlafabteil, tragen unsere Pyjamas und haben Nepomuks Abendmilch aufgesetzt. Vom Rest der Nacht weiß ich nichts mehr. Ich schlafe nirgendwo so gut wie im Zug, und das scheint auch für Babys zu gelten.

Am nächsten Morgen sind wir in Schleswig-Holstein. So sieht es zumindest draußen aus, als ich das Rollo vorm Fenster hochschiebe: Raureif, flache Felder, Nieselregen. Nach Schleswig-Holstein kommt Russland: Plattenbauten, davor ein paar Lehmhütten. Das sieht überhaupt nicht aus wie mein Türkeibild. Ich stutze. Merke: Ich habe vorher überhaupt kein Türkeibild gehabt. Die Welt ist wieder ein Stück größer geworden, während wir drei in unserem kleinen Abteil die Route des alten Orientexpress entlangruckeln.

Nepomuk krabbelt den Gang zwischen den Abteilen hoch und runter oder lässt sich vom gesamten Zugpersonal knutschen. Zwischendurch hilft er im Speisewagen dem Kellner von dessen Arm aus beim Servieren.

Wir reden derweil mit Ali. Ali ist sechs Jahre alt, reist mit Mutter und Großmutter ein paar Abteile weiter – und das ist auch das Einzige, was wir über ihn erfahren können, obwohl er sich irre Mühe gibt, uns mehr zu erzählen. Nur eben auf Türkisch. Irgendwann, nachdem wir alle erdenkbaren Zeichen hinter uns haben, antworten wir ihm auf Deutsch: »Ali, wir verstehen dich nicht!« Das quittiert Ali mit Augenrollen, einem »Allah«-Stoßseufzer;

dann versucht er es weiter. Er hat Ausdauer. Immerhin geht die Zugfahrt 20 Stunden lang.

Bei Agatha Christie fuhr der Orientexpress noch bis ins syrische Aleppo durch. Bei uns nicht. Weil gerade irgendwo irgendwelche Bauarbeiten sind, die irgendwann beendet werden. Wir müssen also in Adana raus und der Orientexpress wird zum Bus. Bis Antakya; früher, also zu Bibelzeiten, hieß das noch Antiochia. Dort steht der nächste Bus, und der bringt uns bis zur türkisch-syrischen Grenze.

An der Grenze ist es für Nepomuk und mich mollig warm. Alle übrigen Reisenden müssen draußen stehen und ihr Gepäck den Zollbeamten präsentieren, und ich sehe ihnen an: Draußen ist es arschkalt, so wie die von einem Fuß auf den anderen wippen und sich die Arme rubbeln. Wir sitzen dagegen gemütlich im Bus, Nepomuk nuckelt an meiner Brust und ich denke gerade noch: Es hat wirklich was für sich, mit Baby zu reisen, da stürmen die Grenzbeamten auch schon den Bus.

Fünf Kerle, grüne Militäruniformen, dicke Schnauzer und noch dickere Oberarme. Ich reiße schnell mein Hemd runter, zeige auf mich und nach draußen und mache mit meinem Gesicht ein Fragezeichen. Der erste Kerl, der mit dem dicksten Schnauzer und den dicksten Oberarmen, sieht mich an und kommt näher. Direkt vor uns bleibt er stehen. Er hat wirklich dicke Oberarme und ein noch dickeres Grinsen im Gesicht, als er auf mein Fragezeichen-Gesicht antwortet: »Welcome to Syria«. Es hat wirklich was für sich, mit Baby zu reisen.

Als Agatha Christie Anfang der 1930er mit ihrem Archäologengatten in Aleppo war, wohnte sie im Baron-Hotel. Da hat sie angeblich auch einen großen Teil von »Mord im Orientexpress« geschrieben. Also lassen wir uns auch genau dort hinbringen. Seit Agatha Christies Besuch wurde in ihrem damaligen Zimmer (dem einzigen, das für heute Nacht überhaupt noch frei ist) quasi nichts verändert. Der geblümte Duschvorhang sieht so..., äh, sagen wir antik aus, als hinge er seit den 1930ern hier. Die Wände hat auch niemand gestrichen; an genau diesem Schminktisch aus dunklem Holz hat sich die Erfinderin von Miss Marple und Hercule Poirot damals ihre Locken gedreht. Doch Agatha Christie und ihr (14 Jahre jüngerer) Mann scheinen das ein oder andere Eheproblem gehabt zu haben. Auf jeden Fall gibt es in ihrem Zimmer nur zwei Einzelbetten. Das wollen wir nicht. So weit sind wir noch nicht. Also doch kein Mord im Orientexpress.

Zug, Bus, Fähre, Wohnmobil

An dieser Stelle werfe ich jede journalistische Neutralität über Bord und bekenne ganz offen: Ich bin Zugfan. War ich schon immer, und seitdem ich Mutter bin, ist meine Liebe zum Zugfahren nur noch größer geworden.

■ **WIE FÄHRT MAN MIT BABY ENTSPANNTER: IM AUTO? ZUG? BUS?**

Da ich eben bekennender Zugfan bin, formuliere ich die Frage einfach mal um: Was ist so viel entspannter daran, mit Baby im Zug zu reisen, als eben im Auto oder Bus? Da kann ich nur sagen: verdammt viel. Nämlich:

- Auch wenn man sich gerne mal darüber aufregt, dass der Zug eine Viertelstunde Verspätung hat: Zumindest steht er nicht im Stau. Staus sind schlimm. Mit Baby sind sie entsetzlich.
- Zum Wickeln und Stillen muss man nicht auf irgendwelche Rastplätze abfahren. Klar, stimmt schon: Auch Zugtoiletten

sind nicht immer eine Oase der Sauberkeit. Aber die Toiletten für Behinderte (und da ist in der Regel der Wickeltisch) sind wirklich fast immer sehr erträglich.
- Im Bordrestaurant wärmen die Kellner Baby-Breie in Mikrowellen-Geschwindigkeit auf.
- Die Kleinkindabteile sind eigentlich rollende Spielplätze: Mit ein, zwei anderen Knirpsen im Abteil bleibt auch das eigene Kind ziemlich lange bei guter Laune.
- Wenn man als Paar gemeinsam fährt, kann man sich abwechseln. Der eine bespaßt das Kind, der andere darf Zeitung lesen. Das geht im Auto oder Bus nicht. Abgesehen davon, dass zumindest mir das im Magen gar nicht gut bekommt, während der Autofahrt Zeitung zu lesen…
- Apropos: Die klassische Auto-Übelkeit von Kindern fällt im Zug natürlich auch weg.
- Nie lernt man so viele andere Menschen kennen wie mit einem strahlenden Baby im Arm im Großraumabteil eines Zuges.
- Bewegungsfreiheit. Das ist das Argument, das mein Sohn an dieser Stelle wohl bringen würde. Im Zug ist er nicht festgeschnallt im Kindersitz (Auto) oder festgetackert auf dem Schoß der Eltern (Bus), sondern kann den Gang entlangkrabbeln oder -laufen, im Kleinkindabteil auf dem Boden Bauklötze aufeinanderstapeln, auf dem Arm der Eltern durch den Zug getragen werden.

■ WO KAUFE ICH EIN ZUGTICKET FÜR USBEKISTAN?

Ich bin nicht der einzige Zugfan. Der Brite Mark Smith ist auch so einer. Ach, wobei: Zugfan ist bei Smith gnadenlos untertrieben; ein Zugjunkie ist er geradezu. Jahrelang arbeitete er bei dem staatlichen Bahnunternehmen »British Rail«; 2001 gründete er eine eigene Webseite über das Zugfahren in aller Welt, heute betreibt er die Seite hauptberuflich. Auf www.seat61.com sammelt und verbreitet Mark Smith Zugstrecken, Fahrpläne, Ticketpreise und Erfahrungsberichte aus Zügen, von Albanien bis Zimbabwe. Über seine Webseite können Reisende Tickets für Züge in ziemlich fernen Ländern kaufen. Warum Mark Smith nicht mit Auto, Bus oder Flugzeug verreist? Er bevorzuge einfach eine zivilisiertere, komfortablere, abenteuerlichere, geschichtlichere, umweltfreundlichere Art des Reisens, so Smith. Auch wenn er mit seinem zweijährigen Sohn Nathaniel und Baby Katelijn unterwegs ist übrigens.

■ WIE FÄHRT MAN ENTSPANNT IM BUS?
Schwierige Frage. In etwa so entspannt (oder besser gesagt: unentspannt) wie im Auto, würde ich sagen. Die einzigen Vorteile sind: Beide Eltern können sich abwechseln mit der Baby-Bespaßung, da ja keiner selbst fahren muss. Mit viel Glück machen noch ein paar andere Fahrgäste Faxen. Für menschengierige Babys wie unseres kann das tatsächlich eine ordentliche Erleichterung sein. Ansonsten gelten die gleichen Regeln wie im Auto: Babys finden stundenlanges Stillsitzen schlicht langweilig, egal ob im Autositz oder auf dem Schoß. Also brauchen sie Ablenkung oder man versucht, die Fahrt auf ihre Schlafzeiten zu legen. Noch ein Vorteil gegenüber dem Autofahren: Im Bus können die Eltern wenigstens gleichzeitig mitdösen.

■ WIE FÄHRT MAN ENTSPANNT AUF DER FÄHRE?
Fähren sind ähnlich angenehm wie Züge: Babys können krabbeln, laufen und es gibt auch noch ordentlich was zu sehen. Brauchen Kinder für ihre Tagesschläfe viel Ruhe, macht es Sinn, auch auf

einer Tagesfahrt eine Kabine zu buchen. Schläft das Baby auch bei viel Trubel problemlos, kann man sich die Kosten allerdings auch gut sparen. Nicht auf allen Fähren gibt es etwas zu essen. Am besten vorher erkundigen oder Notfallproviant dabeihaben. Ein Tipp bei sehr starkem Seegang für Kinder und Eltern: In der Mitte des Schiffes spürt man die Bewegungen am wenigsten. Bei akuter Übelkeit hilft frische Luft am besten.

■ WIE BERUHIGT MAN KINDER WÄHREND DER FAHRT?

Wenn jemand das weiß, dann sind es Kita-Erzieherinnen. Mit welchen Tricks, verraten sie hier:

- »Man muss die Fahrt vorher genau planen: Die Regeln absprechen und üben, üben, üben. Wenn die Kinder dann doch laut werden, hilft nur: aussteigen und an einen Platz gehen, wo man mit den Kindern etwas machen kann« (Kita Stadtzwerge, Kiel).
- »Kleine Kinder sind bewegungsfreudig, die lassen sich nicht gerne auf den Sitzen halten. Wenn wir verreisen, halten wir die Gruppe möglichst zusammen und schauen mit ihnen durchs Fenster, was alles vorbeifährt. Mit Fingerspielen und Singen kann man sie noch gut ablenken. Wichtig ist natürlich auch Körperkontakt« (Kita »Mit Herz und Hand«, Greven).
- »Busfahren macht Kindern eh so viel Spaß, dass sie ganz begeistert und ruhig sind« (Kita Lilliput, Bonn).
- »Man muss die Fahrt für die Kinder spannend machen: durch Singen, Fingerspiele oder aufregende Geschichten« (Kita Stoppelhopser, Wuppertal).
- »Am besten lässt man sie einfach in Ruhe gucken. Die sind schon von sich aus ganz fasziniert« (Kita Wrangelstraße, Hamburg).

Geschenk für die Schwiegermutter

Wir haben unseren Kontinent verlassen und ein ordentliches Stück auf der Seidenstraße Richtung Fremde zurückgelegt. Das wird mir an unserem ersten Morgen beim Frühstücksbüfett im Hotel in Aleppo erst so richtig klar. Dünnes Pitabrot liegt dort, daneben steht eine Schale mit sehr süßem Mandelaufstrich, im Kaffee schwimmt Kardamom. Der Springbrunnen in der Mitte des Innenhofes plätschert im Hintergrund und in einer Ecke klimpern an einer Lampe Fäden voller Glaskugeln gegeneinander.

Draußen, in der Gasse vor dem Hotel, spielen zwei Jungen mit Murmeln. Sonst ist es still. Die Wände der Häuser sind dick, grob verputzt und gedrungen, sie haben keine Fenster; alles Private bleibt drinnen im Haus. Kein Töpfeklappern, keine Wäscheleinen, kein Mittagessensgeruch kommt hinaus in die Gasse, nur das Klacken der Murmeln, die Flüche der Jungen und der flatternde Flügelschlag der Schwalben am Himmel.

Wir gehen links in die Gasse, rechts, ein Stück geradeaus, wieder links und plötzlich sind wir mitten auf dem Basar. Der Basar von Aleppo ist wie ein Bild aus einem Wimmelbuch: stapelweise Seidenschals, Tischdecken aus Damast, Seifen aus Oliven- und Lorbeeröl, Berge von Gewürzen, Keksen, Goldschmuck. Kopftücher hängen an den Ständen und Dessous, Besen stehen neben Kalifenuniformen für Babys. In den Gassen schieben sich Männer mit ihren Schubkarren, Fahrradfahrer, Frauen in schwarzer Burka und Frauen in engen, pinkfarbenen Shirts nebeneinander, gegeneinander, aneinander vorbei. Dazwischen wuseln Katzen herum, ein Esel streckt seinen Kopf in die Luft und röhrt gegen die Rufe der Händler an. »Look, look«, brüllt einer von ihnen über seine Schals und Tischdecken hinweg, und als ich tatsächlich schaue, hält er in der einen Hand einen Dolch und in der anderen ein Schild, auf dem in Deutsch steht: Geschenk für die Schwiegermutter.

Doch, die Verkäufer auf dem Basar lassen sich was einfallen. Beliebteste Masche ist die erstaunte Frage, ob Nepomuk unser einziges Kind sei. Ja, stottern wir, also unser erstes zumindest, später vielleicht, mal gucken, wir wissen noch nicht, und spätestens da werden wir unterbrochen, mit erhobenen Händen. An den Fingern wird uns abgezählt, wie viele Mäuler sie zu Hause zu füttern hätten: drei, vier, fünf; oft kommt die zweite Hand hinzu.

Auch beliebt, eher wohl allerdings bei reisenden Junggesellen als bei Jungfamilien, sind Fußballplakate als Tapetenersatz. Bayern München in Aleppo; doch, das ist ein Ereignis. Oder die Nationalmannschaft. Zu der Zeit, aus der dieses Plakat kommt, spielte allerdings noch Jürgen Klinsmann mit. Nein, nicht von der Trainerbank aus. Im Angriff.

Ein Händler setzt ein zerknirschtes Jungengesicht auf und erzählt, er habe leider, leider seine Freundin geschwängert, eine Australierin. Von der wisse seine Familie nur aber eben nichts, das müsse geheim bleiben, er wolle sie gerade zur Abtreibung überreden. Hier, unterbricht er sich, dieser Schal ist aus echter Seide, nur 20 Euro, und da vorne hätte ich noch welche aus bestem Damast. Während er zwischen Stoffen mit altrosa Blümchenmuster wühlt, huschen wir aus dem Laden.

Aleppo ist exotisch. Für mich. Erst nach einer Weile merke ich: Ich bin es auch. Für die Menschen in Aleppo.

Der Koch im Hotel zum Beispiel, der findet mich nicht nur exotisch, sondern glatt merkwürdig. Jeden Morgen stehe ich vor der Küche, mittags auch, abends eh. In der einen Hand halte ich unsere Thermoskanne, in der anderen eine Jutetüte mit Nepomuks gesamtem Arsenal an Fläschchen, Saugern, Schnullern; selbst die Breilöffel sind dabei, zur Sicherheit. Einem syrischen Koch zu erklären, dass ich all diese Dinge abkochen und das abgekochte Wasser anschließend in die Thermoskanne füllen möchte und dass das Wasser mindestens fünf Minuten richtig kochen muss, das ist Pantomime für Fortgeschrittene. Ich war nie besonders gut in Pantomime und versage auch diesmal.

Am Anfang wirkt es sogar noch so, als wüsste der Koch, was ich von ihm will. Das Wasser blubbert und blubbert; ich schüttle jedes Mal energisch den Kopf, wenn er die Flamme runterdrehen will. Er schaut mich merkwürdig an und schweigt. Schließlich nicke ich. Er nimmt den Topf von der Gasflamme, schüttet einen Teil des Wassers in unsere Thermoskanne, kippt den Rest weg, und ich will gerade nach den Fläschchen, Schnullern, Löffeln greifen und lächeln und »Thank you« sagen, da dreht der Koch den Wasserhahn auf. Und spült alles ab; das Zeug ist ja so heiß geworden beim Kochen. »No«, schreie ich auf und stürze dazu. Zu spät. Syrisches Leitungswasser auf meinen abgekochten Baby-Sachen, überall.

Für mich ist aber nun eben syrisches Leitungswasser gleichzusetzen mit 100-prozentigem Arsen, und daher pantomimiere ich dem Koch zu, wir müssten jetzt alles wieder von vorne machen. Unbedingt. Er schaut mich merkwürdig an und schweigt. Dann zuckt er mit den Achseln und deutet Richtung Herd, und von da an darf ich selbst ran. Ich gebe wirklich alles, volle Hitze, und das minutenlang, und ich scheine meine Sache gut zu machen: Nach zwei Tagen sind die Breilöffel krumm und schief. Sauber scheinen sie auch zu sein. Zumindest wirkt mein Kind noch nicht so, als hätte es 100-prozentiges Arsen zu sich genommen. Nur der Koch schaut mich weiter merkwürdig an. Manchmal beobachtet er mich, während ich den kochenden Babyfläschchen auf dem Herd zuschaue, und dann habe ich das Gefühl, dass er mich schon sehr exotisch findet.

Klar, Gegensätze ziehen sich an, aber besonders gerne gesellt sich Gleich und Gleich. Als bei unserem letzten Frühstück in Aleppo plötzlich eine Familie mit zwei kleinen und blonden Jungs neben uns am Büfett steht, gesellen wir uns sofort zu ihnen. Arthur ist drei Jahre alt und Balthazar anderthalb; die Familie kommt aus Frankreich. Sie reisen die gleiche Route entlang, aber sie haben die doppelte Zeit (vier Monate) vor sich, die doppelte Strecke (bis Kirgisistan) und mit zwei Jungs ja auch doppelt so viele Kinder. Das beruhigt mich und ich komme mir eine Schippe weniger exotisch vor.

Menschen, die ein Problem haben, schließen sich ja gerne zu Selbsthilfegruppen zusammen. Wir haben ein Kind; in den Augen mancher Menschen ist das ein Problem, erst recht auf einer Reise. Wir sitzen in einer Art Stuhlkreis, wir und die Eltern von Arthur und Balthazar. Vor uns auf dem Tisch steht Kardamom-Kaffee; die drei Jungs turnen längst miteinander am Springbrunnen herum. Mit Kindern zu reisen, das ist kein Problem, versichern wir uns gegenseitig. Das ist Glück.

UNSERE REISE

Dietmar (44) und Justyna (36) sind mit ihrem Sohn Miron (16 Monate) für zehn Wochen dem deutschen Winter nach Thailand entflohen.

SO WURDE DIE REISE FÜR ALLE ENTSPANNT: Für die erste Woche hatten wir uns vorab in ein Strandresort eingemietet, in Taxientfernung vom Flughafen Phuket. Dort konnten wir uns in Ruhe an die neue Zeit und das neue Klima gewöhnen; Miron hatte sich durch die Klimaanlage im Flugzeug auch gleich erkältet. Wir sind die ganze Zeit in einem Radius von vielleicht 300 Kilometern geblieben. Zwei Monate haben wir an verschiedenen Stellen auf zwei Nachbarinseln verbracht. Dadurch hatten wir nie lange Fahrten.

DAS GEFIEL MIRON: Er hat einen großen Entwicklungssprung gemacht in Thailand. Dort hat er richtig laufen gelernt; er konnte ja den ganzen Tag barfuß bleiben. Er hat auch erst da angefangen, bei uns mitzuessen. Kein Wunder: Thailändisches Essen ist so lecker und frisch. Was er auch spannend fand, waren die exotischen Pflanzen und Tiere und natürlich das Meer.

DAS HAT UNS DIE REISE GEBRACHT: Als Familie hat sie uns zusammengeschweißt und dem Kind hat sie einen Grundanker geschenkt: Wir waren so eng und haben trotzdem ein paar kleine Abenteuer miteinander erlebt; eine Fahrt auf dem Moped oder eine Reggae-Party am Strand. Zu Hause habe ich ja doch immer nur den Abend mit ihm. Dafür habe ich als Selbstständiger auch meinen Betrieb für diese Monate in fremde Hände gegeben: Ich wollte den Alltag mitbekommen. Mal so richtig warm werden mit dieser neuen Person in unserer Familie.

MEIN RAT: In Ländern wie Thailand muss man auf guten Sonnenschutz achten. Wir hatten einen Badeanzug mit UV-Schutz für den Kleinen, der bis zum Knie ging. Außerdem gleich drei gute Sonnenmützen; eine verliert man ja doch mal schnell. Und eine gute Sonnencreme mit LSF 50 sollte man auch von zu Hause mitnehmen und dringend vor der Reise testen.

Schutz vor Sonne, Wind, Wasser, Kälte

Babys mögen es vom Klima her am liebsten mild. Da aber nirgendwo auf der Welt, nicht einmal zu Hause, das ganze Jahr nur Frühsommer ist, müssen Eltern halt mal in die Trickkiste der menschlichen Erfindungen greifen, wenn es draußen heiß, sonnig oder auch besonders kalt wird. Nach dem Lieblingsspruch meines Mannes, der Outdoor-Läden für Erwachsenen-Spielplätze hält: Es gibt kein schlechtes Wetter, nur schlechte Kleidung.

■ WARUM VERTRAGEN KLEINKINDER HITZE SCHLECHT?

Babys und Kleinkinder schwitzen weniger als Erwachsene. Schwitzen dient aber nun einmal dazu, die Körpertemperatur nach unten zu regulieren. Was bedeutet: Kleine Kinder neigen zum Wärmestau. Trockene Hitze vertragen sie dabei noch einigermaßen gut. Schließlich können sie dann im Schatten oder auch nachts etwas abkühlen. Anstrengend sind für sie dagegen hohe Luftfeuchtigkeit und weiterhin heiße Nächte, wie es in den Tropen üblich ist. Ihr Körper braucht viel Energie für die Anpassung an das neue Klima.

Daher gilt bei Reisen generell und in den Tropen erst recht: Am Anfang sollte man den Kindern viel Zeit und Ruhe geben, damit sie sich an die neue Temperatur gewöhnen können. Die beste Vorbereitung für eine Reise in heiße Länder: Erkundigen Sie sich vorher, in welchen Jahreszeiten mit welchen Temperaturen zu rechnen ist, und wählen Sie entweder Ihre Reisezeit oder Ihr Reiseziel auch anhand der Klimatabelle aus. Ideal für Babys sind die gemäßigteren Jahreszeiten (also bei uns Frühling und Herbst).

■ UND WAS SPRICHT GEGEN ZU VIEL SONNE?

Zu viel Sonne schadet jeder Haut, auch der von Erwachsenen. Die Haut von Babys und Kleinkindern ist jedoch noch einmal deutlich empfindlicher als die von älteren Kindern oder gar Erwachsenen: Babyhaut ist fünfmal dünner als die von Erwachsenen; mehr UV-B-Strahlen können also in tiefere Hautschichten eindringen. Erst ab dem zweiten Lebensjahr entwickelt die Haut langsam eigene Mechanismen gegen UV-Strahlen. Die Produktion des schützenden Farbstoffes Melanin kommt nur sehr langsam in Gang. Die volle Fähigkeit, zu bräunen, und die Verdickung der obersten Hautschichten haben erst Jugendliche ab der Pubertät. Auch der DNS-Reparatur-Mechanismus, der Sonnenschäden im Erbgut der Hautzellen behebt, funktioniert erst bei Erwachsenen voll. Sprich: Kinder und ganz besonders sehr kleine Kinder haben deutlich weniger eigene Schutzmechanismen gegen die Sonne als Erwachsene. Sie brauchen daher noch mehr Schutz von außen. Erst recht, weil ausgerechnet sie sich besonders viel draußen im Freien aufhalten. Bis zum 20. Geburtstag muss die Haut im Schnitt knapp 80 Prozent der UV-Strahlung des gesamten Lebens verkraften.

■ WIE SCHÜTZE ICH MEIN BABY VOR DER SONNE?

Schatten: Im ersten Lebensjahr sollten sich Babys überhaupt nicht im prallen Sonnenlicht aufhalten. Danach gilt: je mehr Schatten, desto besser. Gerade zur Mittagszeit, also zwischen 11 und 15 Uhr, sollten Kleinkinder ausschließlich im Schatten bleiben, besser noch in geschlossenen Räumen. Denn: Schatten bedeutet keinen perfekten Sonnenschutz. Ein leichter Sonnenschirm etwa bietet gerade mal Lichtschutzfaktor 5. Selbst sehr dichte Baumkronen lassen immer noch Sonnenstrahlen durchdringen.

Sonnencreme: Sonnencremes oder -sprays wirken mittlerweile meist sofort nach dem Auftragen. Wer die Kleider seines Kindes schützen will: Lassen Sie den Sonnenschutz einen Moment einwirken, bevor Sie Ihr Kind wieder anziehen; die UV-A-Filtersubstanzen können Textilien gelblich verfärben. Nicht den Nacken, die Ohren und den Fußrücken vergessen. Auch bei wasserfesten Produkten kann der Sonnenschutz im Wasser um bis zu 50 Prozent abnehmen, daher: nach jedem Baden erneut eincremen und überhaupt möglichst alle zwei Stunden den Schutz erneuern. Nicht weil er sich dadurch insgesamt verlängern würde (das tut er nicht!), sondern um den angegebenen Lichtschutzfaktor (LSF) auch voll auszunutzen. Apropos LSF: Die »Stiftung Warentest« warnt, dass lange nicht alle Sonnencremes, -lotionen, und -sprays den aufgedruckten LSF auch wirklich einhalten. Zum Teil ist er nur halb so stark wie angegeben. Vor dem Kauf lohnt sich also ein Blick auf die aktuellen Testergebnisse: www.test.de. Die »Stiftung Warentest« vergleicht in der Regel nicht nur teure Produkte, sondern auch Angebote von Discountern (die oft nicht schlechter ausfallen). Besonders wirksam – und daher für Babys am besten – sind übrigens Sonnencremes mit physikalischem Filter. Zink- oder Titanoxid bilden einen Film auf der Haut, der wie ein Abwehrschirm funktioniert; Lichtstrahlen werden einfach abgespiegelt.

UV-Kleidung: Noch besser ist es allerdings, sein Baby überhaupt nicht durch Creme vor der Sonne zu schützen. Denn: Die dünne Babyhaut lässt nicht nur Sonnenstrahlen deutlich leichter in tiefere Hautschichten vordringen, sondern auch allergieauslösende Substanzen. Davon enthalten aber gerade Cremes mit hohem Lichtschutzfaktor einige. Besser für Babys: Schatten oder die richtige Kleidung. Grundsätzlich gilt: Nylon, Wolle oder Seide lassen weniger Sonnenstrahlen an die Haut als Baumwolle, Viskose oder Leinen. Besonders guten Schutz bietet spezielle UV-Kleidung: Dank besonders dicht gewebter Stoffe, bewusst eingesetzter Farben (am wirksamsten sind Grün und Rot) oder der Verwendung von UV-absorbierenden oder -reflektierenden Substanzen können sie es auf einen LSF von über 40 bringen. Zum Vergleich: Ein weißes Baumwoll-Shirt schafft gerade mal einen LSF von etwa 10.

Sonnenbrille: Dr. Georg Eckert vom Berufsverband der Augenärzte: »Am Meer oder im Gebirge brauchen Babys eine Sonnenbrille. UV-Strahlen könnten ihren Augen sonst schaden; sie sind empfindlicher als die von Erwachsenen. Denn: Erst ein Jahr nach der Geburt ist die Pigmentierung insbesondere der Regenbogenhaut abgeschlossen. Daher kommen Babys bei uns meist mit blauen Augen zur Welt. Erst mit zunehmender Pigmentierung durch das Melanin wird die Augenfarbe dunkler und bietet einen gewissen Licht- und UV-Schutz. Eine gute Sonnenbrille braucht eine ordentliche anatomische Passform und einen guten UV-Schutz, der zuverlässig kurzwellige Strahlung abblockt. Das CE-Zeichen im Brillenbügel garantiert Qualitätsstandard.«

■ WIE VIEL SOLLEN BABYS TRINKEN?

Eigentlich brauchen Säuglinge neben Mutter- oder Flaschenmilch keine zusätzlichen Getränke. Spätestens wenn die dritte Brei-Mahlzeit eingeführt ist, sollten Babys aber auf jeden Fall zusätzlich zu Brei und Milch trinken. Eine Faustregel, um den Trinkbedarf eines Babys einzuschätzen: Mindestens 150 Milliliter Flüssigkeit sollte es pro Kilo Körpergewicht in den ersten sechs Monaten am Tag zu sich nehmen. Im zweiten Lebenshalbjahr sollten es mindestens 120 Milliliter sein.

Das bedeutet: Ein sieben Kilo schweres Baby im ersten Lebenshalbjahr braucht jeden Tag einen guten Liter Flüssigkeit. Ein zehn Kilo schweres Kind im zweiten Lebenshalbjahr braucht 1,2 Liter, ein Kind mit 13 Kilo schon gute anderthalb Liter. Zur Beruhigung für alle Eltern, deren Kinder nicht solche Schluckspechte sind: Gezählt wird nicht nur die Menge an Flüssigkeit, die ein Kind trinkt, sondern auch, was es an Wasser oder Milch im Brei zu sich nimmt.

Große Hitze, starke Aktivität oder Krankheiten wie Fieber, Durchfall oder Erbrechen können den Wasserhaushalt eines Babys schnell aus der Balance bringen. Dann brauchen selbst voll gestillte Babys zusätzliche Flüssigkeit. Am besten schlichtes Wasser, ungesüßten Tee oder stark verdünnte Fruchtsäfte (mindestens im Verhältnis 1:1 mit Wasser mischen, noch besser 1:2 oder 1:3).

■ WIE BRINGT MAN KINDER DAZU, VIEL ZU TRINKEN?

So machen es die Erzieherinnen in den Kitas:
- »Jedes Kind hat seinen eigenen Becher, das motiviert schon einmal. Außerdem haben wir eine Art Wasserzapfanlage mit Hahn. Das ist für die Kinder faszinierend, weil sie da alleine randürfen; dadurch trinken sie immer wieder mal einen Schluck. Den

Rest bekommen dann die Blumen...« (Kita Wrangelstraße, Hamburg).
- »Bei uns gibt es eine ›Kindertankstelle‹; also einen Wasserspender. Jedes Auto muss ja auch tanken, unsere Kids sagen oft: ›Ich fahre jetzt zur Tankstelle.‹ Außerdem gibt es einen ›Tankwart‹, der schaut, ob genug Wasser in allen Flaschen ist. Der Posten wird reihum verteilt. Die sind ganz heiß darauf, auch mal Tankwart zu sein« (Kita Stadtzwerge, Kiel).
- »Wir machen kollektive Trinkpausen: bei den Mahlzeiten natürlich, aber auch beim Übergang von einem Spiel ins andere. Jedes Kind hat seine eigene Tasse, die vorher gefüllt wird. So behalten wir den Überblick, wer wie viel getrunken hat« (Kita Wigwam, Karlsruhe).

■ MÖGEN BABYS URLAUB AM STRAND?

Und wie. Einen aufregenderen Spielplatz kann kein Erwachsener bauen. Am Strand gibt es Steine, die man aufeinandertürmen und gegeneinanderklacken kann. Sand, der durch die Finger rieselt und von den Eltern in Förmchen geklopft wird; Sand, der sich oben ganz anders anfühlt (pudrig und leicht) als einige Zentimeter weiter unten (nass und schwer). Am Strand gibt es Muscheln, Äste, vertrocknete Algen. Und natürlich Wasser. Wasser macht Geräusche, fühlt sich lustig auf der Haut an und ist vielseitiger als jedes »Transformer«-Spielzeug. Gerade kam es noch als Welle aus dem Meer, jetzt rieselt es aus einer Gießkanne und unten auf dem Boden vermengt es sich mit dem Sand zu Matsch. Ein Argument, um Eltern für einen Strandurlaub zu ködern, bringen übrigens Entwicklungspsychologen: Beim Spielen mit Sand und Wasser lernen Kinder Kreativität, Ausdauer und Konzentration, Feinmotorik und sogar Grundkenntnisse in Sachen Physik. Für einen Urlaub am Strand kann man den PEKiP-Kurs zu Hause also getrost mal schwänzen.

Wichtiger als die Frage, ob Sand- oder Steinstrand, ist, wie das Wasser abfällt. Hohe Felsen, tiefe Seen oder Meere sind mit kleinen Kindern sehr gefährlich. Bei seichten Gewässern können sich Eltern schon ein ganzes Stück mehr entspannen. Aber: Aus den Augen lassen darf man Kleinkinder nie, solange auch nur eine Pfütze in der Nähe ist. Klingt hysterisch, ist aber leider wirklich sehr wichtig: Ertrinken ist die häufigste Todesursache bei Kleinkindern.

■ FAHREN BABYS GERNE MIT IN SKIURLAUB?

Eigentlich gilt für Schnee das Gleiche wie für Sand und Wasser und eigentlich vertragen kleine Kinder Kälte ganz gut: Unter der Voraussetzung, dass sie richtig warm angezogen sind. Die perfekte Nordpol-Ausrüstung: Eine warme Mütze, die unterm Kinn zugebunden wird und die Ohren bedeckt. Ein fetthaltiger Wind- und Wetterbalsam speziell für die Babyhaut. Ein zweites Paar dicke Socken oder Fellschühchen. Darüber: im Wagen ein Daunensack, ansonsten ein Schneeanzug. Und zwar mit umklappbaren Bündchen für Füße und Hände; Handschuhe rutschen viel zu schnell herunter. Neugeborene sollten nicht länger als eine halbe Stunde draußen in der Kälte bleiben. Warnzeichen bei älteren Babys und Kleinkindern sind blaue Lippen und Hände oder weiße Flecken im Gesicht. Dann ab in die Hütte!

Die beste Reisezeit für einen Skiurlaub mit kleinen Kindern ist März. Da scheint die Sonne tagsüber in der Regel schon etwas stärker, die Temperaturen sind also deutlich angenehmer als mitten im Winter. Auch beim Skifahren gilt natürlich: Nicht den Sonnenschutz vergessen! Im weißen Schnee brauchen Babys auf jeden Fall auch eine Sonnenbrille.

Nicht anhalten!

Schon in den ersten Tagen in Syrien sind wir einer heißen Story auf der Spur: George W. Bush muss hier irgendwann einmal Taxi gefahren sein. Anders kann er gar nicht auf diesen genialen Einfall gekommen sein, Syrien zu den Schurkenstaaten zu zählen.

In jedem Reiseführer über Syrien dudeln die Autoren vor sich hin, wie sicher, gastfreundlich, kinderlieb und überhaupt außerordentlich reizend der Syrer an sich sei, aber kaum sitzt man hier im Taxi, merkt man plötzlich voller Erstaunen: Bush hatte recht. So dumm war der Kerl gar nicht. Genauso ist es: Syrien ist ein Schurkenstaat. Selbst ein iranisches Ehepaar, das wir in Syrien kennenlernen, schimpft über die Schurken hier, und die Iraner müssen es nun wirklich wissen. Laut Bush gehören sie ja selbst zur Achse des Bösen.

Leider ist der erste Mensch, den wir nach der Grenze in Syrien kennenlernen, ausgerechnet ein Taxifahrer. Das ist sehr schade für die Beziehung zwischen uns und Syrien. Wir brauchen Tage, um festzustellen, dass die Syrer außerhalb der Taxen tatsächlich gastfreundlich, kinderlieb und reizend sind. Aber das Erste, was wir nach dem herzlichen »Welcome to Syria« der Grenzbeamten hören, ist nun einmal: »Money!«, und dann: »50 Dollars per person!«

Es geht um das letzte Stück unserer Orientexpress-Fahrt. Von kurz hinter der Grenze bis nach Aleppo. Es geht um ungefähr 30 Kilometer und einen Fahrpreis, für den man sich hier in Syrien 100 Falafel kaufen könnte. Pro Person wie gesagt. Es braucht einiges von uns und den anderen fünf Touristen (seltsamerweise wurden nach der Grenze nur die Touristen aus dem Bus in den Minibus umgesetzt...) an Kopfschütteln, »No«, Gepäck wieder ausladen, stur auf der Straße stehen und in die Einöde starren, als kämen hier alle paar Minuten Taxen vorbei. Irgendwann sind wir bei dem Preis von zehn Falafel pro Person, und noch später sind wir dann auch wirklich in Aleppo.

In Aleppo nehmen wir uns sofort einen Mietwagen. Reserviert haben wir den Wagen schon von Deutschland aus, und das war eine kluge Idee. Wir haben nämlich nicht nur einen Wagen reserviert, sondern auch den Kindersitz in Syrien. Ja, genau. Ich meine nicht: einen Kindersitz. So als gäbe es davon einen Haufen in diesem Land. Als würden syrische Familien auf den Gedanken kommen, ihre Kinder anzuschnallen, und das auch noch in einem eigenen Sitz. Nein, ich meine wirklich: Den einen Kindersitz in Syrien, den haben wir. »Sind Sie die mit dem Kindersitz?«, fragt der Schaltermann der Autovermietung, als wir kommen und den Wagen abholen.

»Ist das schön«, sage ich, als wir losfahren. Draußen blühen die Blumen und Büsche und dazwischen sitzen Familien auf Picknickdecken und grillen; die Kurden feiern hier im Norden Syriens an diesem Tag ihr Frühjahrsfest. Nepomuk schläft in seinem Kindersitz. Durch die Fenster weht der Geruch von gegrillten Hammelbeinen ins Auto, aus dem Radio dudeln orientalische Schlager, wir schauen, hören, riechen, reden, und alles fühlt sich so herrlich nach Urlaub an.

»Geht es nicht etwas schneller?«, drängele ich, als wir gegen Abend zurück ins Hotel fahren. Die Kurdenfamilien sind da längst heimgegangen, Nepomuk ist wach und er stellt die berühmteste aller Kinderfragen: Wann sind wir endlich da? Da er mit seinen mittlerweile zehn Monaten noch nicht sprechen kann, stellt er die Frage auf seine Art: Er brüllt.

Autofahren mit einem wachen Kind fühlt sich absolut nicht nach Urlaub an. Wenn Nepomuk wach ist, will er nicht ins Auto. Er findet es zum Schreien langweilig, im Kindersitz festgezurrt zu werden, auch wenn es der einzige Kindersitz in Syrien ist.

Das bedeutet: gute Planung. Ach, was sage ich, sekundengenaue Planung bedeutet das. So präzise wie unsere Familienkutsche startet nicht mal ein NASA-Raumschiff. Die sollten uns ruhig mal nach Cape Canaveral einfliegen, von uns könnten sie echt was lernen. Nach etlichen Pannen in den ersten Tagen haben wir nämlich irgendwann das optimale Verfahren für unsere Fortbewegung ausgearbeitet, und das ist: Nepomuk muss beim Autofahren schlafen. Das geht aber nur mit einem optimalen Müdigkeitszustand bei ihm, wenn wir losfahren.

An Tag vier unserer Syrien-Rundreise steht uns die größte Prüfung bevor: Beinahe 300 Kilometer sind es von der Kreuzfahrerburg Krak des Chevaliers bis zur Oasenstadt Palmyra mitten in der syrischen Wüste. Wir nehmen das sportlich und erarbeiten den Masterplan schlechthin. Der geht so: aufstehen, frühstücken, das Auto packen. Schnell, schnell, nicht dass der Kleine zu früh einschläft. Hmm, eigentlich sieht er noch ziemlich fidel aus. Gut, dann noch kurz zu der altchristlichen Kirche um die Ecke. Wir schlendern unter einem jahrhundertealten Kreuzgewölbe hindurch, über uns hängen Heiligenbilder, Mosaike, Fresken, aber wir schauen auf Nepomuks Augen. Die Lider werden schwerer. Wir warten ab, reizen den Moment noch etwas aus. Da, plötzlich reibt er sich die

Augen und wir stürmen los. Zum Auto, das direkt vor der Kirche steht, in Fahrtrichtung geparkt, denn wir sind ja mittlerweile Profis. Der eine kippt warmes Wasser aus der Thermoskanne und bereits abgemessenes Milchpulver in einem Fläschchen zusammen, der andere schnallt den sich windenden, brüllenden Nepomuk in seinem Sitz an. Fläschchen in den Mund, Bäuerchen, Schnuller, Motor an, Gaspedal durchdrücken, und von da an gilt: Bloß nicht anhalten.

Wir verfahren uns. Nach einem Drittel der Strecke, in Homs. Wir kreiseln durch die Innenstadt, suchen nach Wegweisern Richtung Palmyra, versuchen in dem Wirrwarr an Autos, Menschen, Straßen, Häusern die Himmelsrichtung auszumachen. Wir fragen niemanden nach dem Weg und wir suchen uns keinen Stadtplan. Bloß nicht anhalten. Wir fahren weiter, immer weiter, bis wir endlich doch ein Autobahnschild nach Palmyra entdecken.

Die Büsche am Straßenrand werden verstaubter und spärlicher, verschwinden schließlich ganz. Links und rechts von uns, vorne und hinten sehen wir nur noch Sand. Wir sind in der Wüste, als mein Mann plötzlich sagt: Wir haben nicht mehr besonders viel Benzin. Zwei, drei Tankstellen tauchen wie eine Fata Morgana am Straßenrand auf. Egal, wir fahren weiter. Auch als unsere Blasen so voll sind wie der Tank leer wird, fahren wir weiter. An einer Kreuzung steht ein Schild: 100 Kilometer zum Irak. Ein schönes Foto wäre das, sage ich. Wir fahren weiter. Bloß nicht anhalten.

Nepomuk wacht auf, 15 Kilometer vor Palmyra. Wir jubeln. Ohne einen einzigen Babyschrei haben wir es bis kurz vors Ziel geschafft. Auch ohne mit leerem Tank in der Wüste stehen zu bleiben. Auf den letzten Kilometern singe ich vor Erleichterung von »Hänschen klein« bis »Ein Männlein steht im Walde« alles, was mir so einfällt. Nepomuk strahlt. Die sollten uns echt mal nach Cape Canaveral einfliegen.

Autofahren mit Baby

Es soll ja Eltern geben, die mit ihren Babys abends mehrmals um den Block fahren, damit das Kind endlich schläft. Mit schlafenden Kindern Auto zu fahren ist auch eine recht entspannte Angelegenheit. Aber mit wachen Babys? Puh…

■ WIE PACKE ICH UNSER AUTO KLUG?

Beim Autopacken gilt das Gleiche wie beim Kofferpacken: Manche Dinge sollten einfach griffbereit sein. Wickelzeug zum Beispiel, außerdem ein Set Wechselklamotten, Essen und Trinken und vielleicht noch eine Plastiktüte für den ganzen Müll, der auf so einer Fahrt anfällt. Was übrigens immer mit einem Handgriff erreichbar sein sollte, egal wie hoch der Gepäckberg ist: der Erste-Hilfe-Koffer.

Wie immer beim Packen sollte man auch vor einer Autofahrt vom absoluten Negativ-Szenario ausgehen, also: Stau, Panne, Raststättenstreik. Sprich: eher die doppelte Menge an Proviant und vor allem Getränken einpacken, im Winter eine Wolldecke fürs Kind, im Sommer vielleicht eine Picknickdecke.

Wenn es mit dem eigenen Auto auf eine Reise geht, lohnt sich vielleicht eine Dachbox für das viele Gepäck; mit der verbraucht das Auto allerdings zusätzlichen Sprit auf der Fahrt. Auch sinnvoll kann ein Hundegitter zum Kofferraum hin sein, damit im Fall einer Vollbremsung das Kind auf der Rückbank nicht durch herumfliegende Gegenstände verletzt wird. Ohne Gitter: beim Packen darauf achten, dass besonders alles, was spitz ist oder scharfe Kanten hat, gut verstaut ist.

■ **WELCHE AUTOVERSICHERUNGEN SIND SINNVOLL?**
Für den Mietwagen: In den meisten Ländern (auch in klassischen Urlaubsländern wie Griechenland oder Spanien!) sind die Versicherungsleistungen so niedrig, dass sie bei einem schweren Schaden nicht zu dessen Deckung reichen. Davor warnt die »Stiftung Warentest« eindringlich. Sie empfiehlt: entweder den Mietwagen von Deutschland aus buchen, und zwar bei einem Anbieter, der deutschen Versicherungsschutz gewährleistet. Oder mit der eigenen Kfz-Haftpflichtversicherung auch die sogenannte »Mallorca-Police« abschließen. Bei sehr günstigen Haftpflichtversicherungen kann diese Extrapolice fehlen; sie ist aber durchaus sinnvoll für alle, die oft ins Ausland reisen und lieber spontan vor Ort einen Mietwagen buchen. Mit der Police gelten nämlich auch für Mietwagen im Ausland höhere Deckungssummen als dort üblich.

Für das eigene Auto: Früher musste jeder, der mit seinem eigenen Auto eine Grenze überquerte, einen Nachweis über eine Kfz-Haftpflichtversicherung für das jeweilige Land vorzeigen können. Gerade innerhalb von Europa war die grüne Versicherungskarte die gängige Währung, die Autofahrern von ihren Haftpflichtversicherungen ausgestellt wurde. Heute ist sie zwar in vielen Ländern nicht mehr Pflicht, Versicherungen verschicken sie daher auch erst auf Anfrage des Versicherten. Aber: Bei einem Unfall im Ausland macht sie einem das Leben deutlich leichter. Im Mietwagen liegt sie daher nach wie vor im Handschuhfach, fürs eigene Auto wäre das auch eine gute Idee.

Als »nützliche Ergänzung« zur eigenen Kfz-Haftpflichtversicherung nennt die »Stiftung Warentest« eine Auslandsschadenschutzpolice: »Sie hilft dem Versicherten, wenn er im Ausland ohne eigene Schuld in einen Unfall verwickelt wird. Zwar muss der gegnerische Versicherer für den Schaden aufkommen, doch häufig zahlen ausländische Versicherer weniger als die deutschen. Mit der zusätzlichen Police wird der Urlauber so gestellt, als sei der Unfallverursacher bei einem deutschen Anbieter versichert.« Bevor jedoch eine Auslandsschadenschutzpolice abgeschlossen wird, sollte man sich genau die Bedingungen durchlesen oder im Zweifelsfall bei der Versicherung nachfragen. Oft gilt der Schutz nämlich nicht einmal für alle Länder innerhalb Europas.

Was man auch bei seiner Versicherung erfragen sollte: inwieweit der Teil- oder Vollkaskoschutz für das eigene Fahrzeug auch im jeweiligen Reiseland gilt. Bei einigen Tarifen gibt es Einschränkungen; eventuell lohnt es sich dann, mit der Versicherung über eine Erweiterung des Kaskoschutzes zu verhandeln.

Immer hilfreich für Autofahrten im In- und Ausland: ein Autoschutzbrief, etwa durch eine Mitgliedschaft im ADAC. Die »gelben Engel« bieten organisatorische Hilfe nach Unfällen oder Autopannen.

Falls es nach einem Unfall im Ausland Streit geben sollte, trägt die Verkehrsrechtsschutzversicherung alle Anwalts- und Gerichtskosten. Dafür ist also kein spezieller Reiserechtsschutz nötig.

■ WIE MACHE ICH DAS AUTO KINDERFREUNDLICH?

Sitzen ohne Schwitzen: Kindersitze sind gerne mal mit dunklen, synthetischen Stoffen bezogen. Die sind zumindest im Sommer alles andere als bequem. Was gut hilft, auch als Kleckerschutz für unterwegs: ein helles Handtuch oder einen Baumwollschal in den Kindersitz legen.

Keine Sonne im Gesicht: Speziell für Kinder gibt es einen Lichtschutz, den man an den Seitenfenstern anbringen kann, um die Sonne abzublocken. Da sind dann gerne rosafarbene Prinzessinnen, Piraten oder Teddygesichter drauf. Alternativ gibt es auch Rollos, man kann sich natürlich auch selbst eine kleine Gardine nähen. Falls man den Sonnenschutz zu Hause vergessen hat und unterwegs improvisieren muss: einfach ein Hemd oder Spucktuch in den Fensterspalt klemmen. Das schränkt natürlich auch die Sicht des Fahrers ein. Aber manche Eltern gucken einfach lieber auf ein weißes Baumwolltuch als auf rosafarbene Prinzessinnen...

Schlafkissen: In der Babyschale können Kinder in den ersten Monaten ja noch ziemlich gemütlich ein Nickerchen halten. Später, im Kindersitz, wird es unkomfortabler: Der Kopf kippt nach vorne oder zur Seite; die halbe Fahrt verbringt der Beifahrer damit, ihn mit einem Pulli oder einem Kopftuchknäuel abzustützen. Fürs Kind bequemer und für den Beifahrer entspannter: Speziell für Babys und Kleinkinder gibt es Nackenstützen, die den Kopf deutlich besser im Schlaf stützen. Die kosten je nach Hersteller um die 10 Euro und gibt es eigentlich in allen größeren Babygeschäften oder Versandläden.

Die Pulle immer griffbereit: Die großen Kindersitz-Hersteller wie Maxi Cosi oder Römer haben mittlerweile eigene Flaschenhalter entwickelt, die man neben die Sitze schrauben kann. Eine schöne Idee: Ist das Kind durstig, greift es selbst zur Flasche. Funktioniert allerdings noch nicht bei Kindern, die ihre Flasche nicht auch selbst wieder in den Halter stellen können. Oder bei Kindern die gerne mit ihrer Flasche spielen und sich dabei kräftig vollkleckern oder bei Kindern, die gerne mit ihren Eltern spielen und die Flasche immer wieder auf den Boden werfen und dann auffordernd krähen. Vielleicht gibt es bald auch magnetische Halter, die weggeworfene Fläschchen gleich wieder anziehen?

Mini-Küche: Für den Mietwagen ist das vielleicht etwas viel Aufwand, aber in seinem eigenen Auto kann man natürlich gut die Fütter-Tauglichkeit erhöhen. Zum Beispiel durch eine Warmhaltebox für den zu Hause aufgewärmten Brei oder durch einen Flaschen- und Babykostwärmer, den man im Auto in den Zigarettenanzünder stöpseln kann. Wenn man Proviant für mehrere Tage oder frisches Obst dabeihat, mag auch eine Kühltasche sinnvoll sein.

■ AB WANN FRAGEN KINDER: WIE LANGE NOCH?

Säuglinge fragen nicht: Wie lange noch? Säuglinge kommen schließlich ohne Zeitgefühl auf die Welt und daher gäbe es für sie auf die Frage eh nur eine einzige Antwort: sofort. Sofort müssen sie zu trinken bekommen, wenn sie hungrig sind; sofort müssen sie auf den Arm. Das sollten sie auch, raten Entwicklungspsychologen. Nur wer am Anfang seines Lebens nicht zu lange warten musste, kann später zwischen aufschiebbaren und unaufschiebbaren Bedürfnissen unterscheiden. Geduld hat nämlich vor allem etwas damit zu tun, wie weit das Gehirn der Kinder entwickelt ist. So berichtete die Zeitschrift »Eltern« von einem Test, bei dem Kleinkindern ein attraktives Spielzeug gezeigt wurde; dann wurde es hinter einem Schirm versteckt. Die einjährigen Probanden starrten ganze drei Sekunden auf den Schirm bevor sie sich beschwerten oder abwendeten. Zweijährige warteten immerhin schon etwas länger: ganze acht Sekunden. Erst mit acht Jahren, so das Ergebnis des Versuches, können Kinder sich ihren Tag annähernd so einteilen wie Erwachsene. Da bleibt Eltern also nur eines übrig: selbst geduldig bleiben und zu Ablenkungsmanövern greifen.

■ WIE BESPASSE ICH MEIN KIND IM AUTO?

Sabine Bohlmann ist die deutsche Stimme der Maulenden Myrte in »Harry Potter«, des Rosa Bärchens in »Käpt'n Blaubär« und von Lisa Simpson. Außerdem hat sie in »Marienhof« und anderen Fernsehserien mitgespielt. Vor allem aber ist sie Mutter einer Tochter und eines Sohnes, die als Babys regelrechte Autohasser waren. Sabine Bohlmann ist trotzdem hin und wieder mit ihren Kindern Auto gefahren. Ihre Tipps für eine (mehr oder weniger) lustige Fahrt:

- Sich zu dem Baby nach hinten setzen und Verständnis für das Kind haben: Klar ist das langweilig, mit dem Rücken in Fahrtrichtung zu sitzen und das Sitzpolster anstarren zu müssen, also sollte das Sitzpolster vielleicht spannender werden: Pinnen Sie doch Fotos von den Großeltern dran, zu denen Sie gerade fahren. Oder vom Lieblingsteddy. Oder ein Bild aus einem Wimmelbuch, auf dem Sie Ihrem Kind viele Dinge zeigen können.
- Binden Sie einen Luftballon mit einer Schnur so fest, dass das Baby damit spielen kann, ohne dass Sie die halbe Fahrt damit beschäftigt sind, den Ballon einzufangen. Nicht zu fest aufblasen, dann platzt er auch nicht so leicht. Mit ein paar Erbsen darin macht er sogar lustige Geräusche.
- Zeigen Sie Ihrem Kind auf einem Blatt Papier, wie ein Gesicht entsteht: Punkt, Punkt, Komma, Strich – fertig ist das Mondgesicht.
- Fingerspiele! Meine Babys haben Fingerspiele geliebt. Gerade die einfachen, die können sie schon früh nachmachen. Der Hit bei uns: »Aramsamsam, guli guli guli guli …«
- Was immer ging: das Sockenmonster. Einfach dem Baby eine Socke vom Fuß ziehen und über die eigene Hand stülpen. Das Sockenmonster kann kitzeln. Und im Babysitz nach einer Münze suchen. Spätestens, wenn ich mit dem Sockenmonster geschimpft habe, lachten meine Kinder sich scheckig.

- Das Allerwichtigste: Eltern müssen eben Energie aufbringen, ihr Kind bei Laune zu halten. Und Geduld: Eigentlich wird den Eltern beim Spielen immer früher langweilig als den Kindern.

■ WIE WIRD MEINEM KIND IM AUTO NICHT ÜBEL?

Dazu muss man erst einmal wissen: Warum wird einem Kind im Auto übel? Die Antwort: Autofahren verwirrt die Sinne. Einerseits nehmen die Augen nämlich viel Bewegung wahr. Draußen vorm Fenster fliegen ja nur so die Bäume und Häuser vorbei. Andererseits denkt der Gleichgewichtssinn im Innenohr jedoch, dass das Kind völlig ruhig sitze. Von der Geschwindigkeit des Autos kriegt der Körper ja allenfalls mal ein kleines Ruckeln bei einer Bodenschwelle mit. Das bringt den Körper so durcheinander, dass manchen Kindern davon speiübel wird.

Babys kennen dagegen noch keine »Seekrankheit«. Für sie kann sich die Welt eigentlich gar nicht wild genug drehen; Schaukeln, Wiegen, In-die-Luft-geworfen-Werden sind ihre erklärten Lieblingsspiele. Der Grund: Ihr Gleichgewichtssinn ist eben noch nicht ausgereift. Der entwickelt sich jedoch im ersten Lebensjahr rasant – übrigens vor allem beim Schaukeln und In-die-Luft-Werfen. Das trainiert enorm. Ab dem Kleinkindalter sollte man also immer vorsorglich eine Tüte griffbereit haben. Immerhin überfällt die Autoübelkeit, die Ärzte auch Reise- oder Bewegungskrankheit nennen, jedes achte Kind regelmäßig.

Die ersten Anzeichen: Fröhliche Kinder werden plötzlich ganz ruhig. Vielleicht auch etwas blass. Und dann fangen sie an, zu gähnen. Denn: Der Gähnreflex wird in der gleichen Hirnregion ausgelöst wie der Brechreiz. Sprich: Sobald auf der Rückbank gegähnt wird, gilt Alarmstufe rot.

Vorbeugemaßnahmen: Wer im Urlaub kurvige Bergstraßen entlangfahren will, sollte zur Sicherheit die Reiseapotheke mit ein paar Extrautensilien füllen: In Form von Zäpfchen oder Tropfen wirken sogenannte »Antiemetika«, etwa »Vomex A«, gegen Übelkeit. Allerdings machen sie das Kind auch müde und sollten daher nur in Maßen gegeben werden. Homöopathische Alternativen sind: Cocculus oder Tabacum (D6). Einige Eltern schwören auch auf Akupressurbändchen aus der Apotheke, die einen Punkt unterhalb der Handwurzel stimulieren und dadurch den Magen beruhigen.

Ohne Nebenwirkung, aber umso effektiver, sind regelmäßige Pausen draußen und auch während der Fahrt möglichst viel frische Luft. Zur Unterhaltung lieber kein Bilderbuch geben (wo das Kind dann auch noch nach unten schaut und den Nahbereich fokussiert), sondern lieber gemeinsam mit ihm singen. Dabei kommt mehr Sauerstoff in die Lunge, was gut hilft gegen Übelkeit. Noch eine gute Vorbeugemaßnahme: ein ruhiger Fahrstil. Häufiges Beschleunigen oder Abbremsen verstärkt den Brechreiz.

■ **BEKOMME ICH IM AUSLAND EINEN KINDERSITZ?**
Katja Legner vom ADAC: »Mietwagen und Kindersitz sollten von Deutschland aus gebucht werden oder der eigene Sitz wird mitgenommen. Spontane Buchungen vor Ort bergen oft Enttäuschungen: Im ADAC-Mietwagentest von 2009 mussten 40 Prozent aller getesteten Stationen in Italien, Griechenland, Portugal, Spanien, Kroatien, in der Türkei sowie auf Malta beim Kindersitz passen. In einigen Städten in Deutschland kann beim ADAC ein Kindersitz gemietet werden; etwa in Südbayern für drei Euro am Tag und 150 Euro Kaution. Am besten in der jeweiligen Stadt beim ADAC nachfragen.«

■ WIE SEHE ICH ALS FAHRER MEIN KIND AUCH IN DER BABYSCHALE?

In den ersten Lebensmonaten sollen Babys im Auto in einer Babyschale festgeschnallt werden: meist auf dem Rücksitz (wenn der Beifahrersitz einen Airbag hat) und mit dem Rücken zur Fahrtrichtung. Das bedeutet größere Sicherheit; bei starkem Bremsen wird so das noch sehr empfindliche Genick weniger belastet. Das bedeutet aber auch, dass Eltern und Baby sich nicht sehen können. Die Lösung dieses Problems: Die WFB-Werkstätten des Kreises Mettmann haben einen speziellen Spiegel entwickelt, der über dem Kopf des Kindes befestigt werden kann. Mit einem solchen Babyschalenspiegel können Eltern ihr Kind im Rückspiegel sehen, es anlachen, ihm die Zunge rausstrecken, ihm zuprusten, Grimassen schneiden und was man sonst noch alles so macht, um sein Kind während der Fahrt bei Laune zu halten. Der Spiegel kostet ca. 35 Euro und kann auf der Webseite www.babyschalenspiegel.de bestellt werden.

Mutter-Bandwurm

Die Säulen verschwimmen, vermischen sich mit Torbögen, Tempelmauern und Grabtürmen zur Hintergrundkulisse; rosa getüncht vom Sonnenuntergangslicht. In der Ferne reitet ein Beduine auf seinem Kamel vorbei, er winkt uns zu, aber vor meinen Augen verwischt er zu einem Farbklecks am Horizont.

Der Fokus meiner Kamera liegt auf Nepomuk. Alles andere wird unscharf: das Simeon-Kloster im Norden Syriens, wo der Christ Simeon im fünften Jahrhundert auf einer Säule saß und Pilger empfing. Die gedrungenen Basar-Gassen und die mittelalterliche Festung in Aleppo. Die Säulenstraße von Apamea, die Wasserräder von Hama, die Kreuzfahrerburg Krak des Chevaliers und jetzt auch noch die antike Oasenstadt Palmyra.

»Gibt es eigentlich auch Fotos von dir?«, fragt eine Freundin später. Jein. Drei Fotos gibt es, auf denen ich zu sehen bin. Damit meine ich: ich als Person. Nicht ich als Nepomuk-Mutter, Nepomuk-Trägerin, Nepomuk-Fütterin, Nepomuk-Wicklerin, Nepomuk-Wäscherin. Drei Fotos. Ungefähr genauso häufig werde ich nach meinem Namen gefragt oder mein Mann nach seinem. Wir tragen das gleiche Schicksal wie die Säulen von Palmyra: Neben unserem Sohn verblassen wir zur Kulisse.

Nepomuk steht im Fokus und das bedeutet: Wenn er lacht, finden wir nicht nur unsere Fotos großartig, sondern gleich die ganze Reise und unser Leben und überhaupt die ganze Welt. Manchmal weint oder wütet er aber auch. Und dann ist alles, die Fotos, die Reise, die Welt, einen ganzen Batzen weniger großartig.

Die Fahrt von Palmyra nach Damaskus ist überhaupt nicht großartig. Obwohl wir das Auto dieses Mal vollgetankt und beim Frühstück extra wenig getrunken haben. Aber Nepomuk quengelt, und noch schlimmer – er hat Fieber. Am Abend zuvor hat es angefangen. Dank Google und Selbstvorwürfen und viel Grübelei war unsere Diagnose eindeutig: Sonnenstich. Trotz Sonnenhut und Sonnenbrille und der längsten Siesta unseres Lebens.

Wie kann man auch mit einem Baby in die Wüste fahren? Wie kann man überhaupt mit einem Baby so eine Reise machen? War doch klar. Ich sehe im Geiste sehr viele erhobene Zeigefinger zu Hause; mein eigener ist der größte. Es soll ja Krankheiten geben, die nur vom Vater an den Sohn vererbt werden, aber ein Problem scheint irgendwie nur unter Frauen zu grassieren: das schlechte Gewissen.

Es windet sich wie ein Bandwurm durch den ganzen Körper, vom Kopf auf schnellstem Weg zum Herzen. Dann wühlt es den Bauch auf, drückt auf die Lunge, zieht sich um die Kehle, es macht die Handflächen kalt und die Augen feucht und irgendwann hat es sich in jedem einzelnen Körperteil festgebissen. Es ist eine Kette aus Gedanken und immer kommt noch einer obendrauf: Fieber – Sonnenstich – Mangelnder Sonnenschutz – Was bin ich für eine schlechte Mutter! – Gefährlich – Einwegspritzen auspacken? – Können Babys an Sonnenstich sterben? – Was bin ich nur für eine schlechte Mutter!

»Wir sollten in Damaskus mal zum Kinderarzt fahren«, sagt mein Mann neben mir. Ganz ruhig und entspannt sagt er das. Mit einer Nuance Sorge, so einem ganz leichten Schimmer. Dieser Schlechtes-Gewissen-Bandwurm scheint bei Männern einfach nicht den Fuß in die Tür zu kriegen. Bei mir windet er sich gleich weiter: Krankes Kind – Unbedingt zu einem Spezialisten – Unbedingt nach Deutschland – Auf keinen Fall in Syrien zum Arzt – Rückflug, sofort, noch heute Abend – Auslandsversicherung anrufen und Krankentransport organisieren – Wer hatte eigentlich diese beschissene Idee, mit Baby in die Wüste zu fahren?! – Ich – Was bin ich für eine schlechte Mutter!

Der Kinderarzt in Damaskus lächelt. Er spricht Englisch und trägt einen weißen Kittel und um den Hals ein Stethoskop, und irgendwie wirkt er tatsächlich so wie ein echter Arzt. Jedenfalls macht er genau die gleichen Dinge wie unser Kinderarzt zu Hause. Er guckt Nepomuk in die Ohren und in den Mund, misst Fieber und Puls und dabei sieht er sogar so aus, als hätte er die Sache im Griff. Merkwürdigerweise hat er dennoch eine ganz andere Diagnose als wir: Erkältung. Er lächelt mich an. So wie Kinderärzte überall auf der Welt besorgte Mütter anlächeln. »Das passiert«, sagt er. »Jetzt im Frühling, wenn es mal warm ist und dann wieder kalt, dann erkälten sich Kinder eben mal.« So ist das. Nicht nur in Syrien.

Einen Tag später ist Nepomuks Körpertemperatur in den Normalbereich gesunken. Meine Sorgen sind es auch. Nepomuk hat seine Erkältung ausgeschwitzt und ich habe endlich die Ängste abgeschüttelt, die man mir zu Hause mit ins Reisegepäck gemogelt hat. Meine eigenen, merke ich, waren es nie. Ich lasse meine schadstoffgeprüfte TÜV-Bio-Welt zurück und dafür komme ich an: mitten im Orient.

UNSERE REISE

Daniela (39) und Frank (39) nahmen den gemeinsamen Sohn Aaron (8 Monate) und ihren älteren Sohn Jeremy (15) mit auf ihre Hochzeitsreise nach Vietnam.

DAS HABEN WIR GELERNT: Vietnam war nicht meine erste Reise mit Aaron. Als er fünf Wochen alt war, bin ich mit ihm nach Kreta geflogen. Im Nachhinein finde ich: Das war zu früh. Ich würde nur noch mit einem Baby fahren, das mindestens zwei Monate alt ist. Vier Wochen später waren wir auf Mallorca; das war schön und erholsam. Als Aaron drei Monate alt war, sind wir auf eine Alm in Kärnten gefahren. Ein guter Urlaub war das, in einer atemberaubenden Bergwelt. Was ich aber leider unterschätzt hatte: Wie sehr der Höhenunterschied einem Baby durch Druck auf die Ohren zu schaffen macht. Danach folgten Reisen nach Kos und auf die Malediven. Aaron liebte es, nackt am Strand zu spielen. Und dann kam Vietnam.
SO GEFIEL ES AARON: Auf jeder Reise war das Highlight: die Natur! Ein Baby kann man einfach an den Strand legen. Es braucht so wenig. Aaron lag oder saß nackt im Sand und war glücklich.
ZEIT ALS PAAR: Wir hatten viel Zeit für uns. Wir gehen aber auch recht locker mit unserem Baby um. Abends, wenn er im Hotelzimmer schlief, haben wir das Babyfon mit auf die Terrasse genommen. Auch sonst nehmen wir ihn oft mit; er schläft dann einfach im Wagen nebendran.
DER TIEFPUNKT: Morgens um halb fünf wachten wir in Saigon auf. Aaron

bekam kaum noch Luft. Einen Moment dachte ich wirklich: Er stirbt. Mein Mann ist gleich mit dem Taxi ins nächste Krankenhaus gerast. Die Ärzte dort waren sehr professionell und sie wussten sofort Bescheid: Aaron hatte harmlosen Pseudokrupp. Mit der richtigen Behandlung und den richtigen Medikamenten war nach einem Tag alles wieder gut. Mich hat die – letztlich ja gute – Erfahrung mit den vietnamesischen Ärzten nur bestärkt: Reisen mit Kindern ist einfach eine Bereicherung im Leben.
WARUM ICH DIE REISE SOFORT WIEDER MACHEN WÜRDE: Wir wollen auch als Eltern die Liebe zu den kleinen Dingen im Leben nicht verlieren und für unsere Kinder finden wir es wichtig, mit fremden Mentalitäten aufzuwachsen.

Krank im Ausland

Um die Gesundheit ihres Kindes machen sich Eltern bei der Reisevorbereitung die größten Sorgen – zum Glück meist zu Unrecht. Die Herausforderung an die Eltern ist nämlich selten die, dass ihr Baby unterwegs tatsächlich schwer krank wird. Sondern eher die, dass sie nicht zu ihrem vertrauten Kinderarzt gehen können und mehr selbst in die Hand nehmen müssen. Vor Reisekrankheiten braucht man also keine allzu große Angst zu haben. Was man dafür haben sollte: fundiertes Wissen über Vorbeugemöglichkeiten wie Impfungen oder Hygienemaßnahmen und eine vernünftige Reiseapotheke für unterwegs.

■ **WERDEN KINDER IM AUSLAND SCHNELLER KRANK?**
Beim Zusammenstellen der Reiseapotheke könnte man schnell zum Pessimisten werden und den geplanten Urlaub gleich wieder stornieren. Aber: Die Reiseapotheke wird ja nicht gepackt, weil auf

der Reise all die Dinge passieren werden, gegen die man sich wappnet. Sondern für den Fall, dass eins davon geschehen könnte.

Im Ausland geht man eben weniger gerne zum Arzt und nimmt mehr selbst in die Hand. Um das tun zu können, macht es Sinn, eine medizinische Grundausstattung dabeizuhaben und möglichst auch über ein medizinisches Basiswissen zu verfügen. Vielleicht hilft ein Erste-Hilfe-Kurs am Kind oder ein guter medizinischer Ratgeber, der klassische Kinderkrankheiten erklärt und Ratschläge zur Selbsthilfe gibt. Zum Mitnehmen auf eine Reise sind diese allerdings oft viel zu wuchtig. Wir hatten uns die wichtigsten Kapitel kopiert.

Mehr Grund zur Sorge haben Eltern auf einer Reise nicht, beruhigt auch Helmut Jäger vom Hamburger Tropeninstitut: »Kinder leiden im Ausland eher mal unter leichten Gesundheitsstörungen, als Erwachsene das tun. Zum Beispiel unter einer Erkältung, leichtem Fieber, einem harmlosen Durchfall. Die wirklich schweren Erkrankungen treffen sie dagegen deutlich seltener. Wir hören kaum von Kindernotfällen im Ausland.«

■ WOGEGEN SOLLTE MEIN BABY GEIMPFT SEIN?

Impfungen sind ein großes Thema für Eltern. In alternativ angehauchten Jungeltern-Stadtteilen wird sehr gerne darüber diskutiert, ob man sein Kind überhaupt impfen lässt. Und wenn ja, wogegen genau. Zu dem Thema gibt es Doktorarbeiten, Broschüren, eigene Ratgeber; vor allem gibt es dazu jede Menge Meinungsverschiedenheiten. Entscheidungsfreiheit hin oder her: Wer mit einem kleinen Kind ins Ausland verreist, sollte sich doch sehr genau die Empfehlungen der »Ständigen Impfkommission« (STIKO) am Robert-Koch-Institut anschauen: www.rki.de. Denn auch wenn Krankheiten wie Diphtherie hierzulande (gerade eben durch die

Impfung der Bevölkerung!) als ausgelöscht gelten, werden sie doch immer wieder mal von Fernreisenden mit nach Hause gebracht. Neben den Empfehlungen der STIKO sollten Sie auf jeden Fall auch mit Ihrem Kinderarzt Rücksprache halten.

■ WIE WICHTIG IST HYGIENE?

Ausreichende Hygiene ist wichtig für Babys, sagt Fabian Lander vom Zentrum für Kinder- und Jugendmedizin am Universitätsklinikum Freiburg. Doch manchmal, sagt er, übertreiben es Eltern auch mit übervorsichtigen Hygienemaßnahmen.

Babys sind empfindlich: Einerseits haben Säuglinge einen gewissen Nestschutz: Noch während der Schwangerschaft überträgt die Mutter schützende Antikörper auf ihr Kind. Diese Antikörper bleiben einige Monate in seinem Körper und werden erst nach und nach abgebaut. Aber dieser Nestschutz beschränkt sich auf das erste Lebensjahr und er gilt lange nicht für alle Krankheiten. Auf der anderen Seite ist das Immunsystem eines Babys noch nicht voll ausgereift. Ein eigenes immunologisches Gedächtnis muss erst in der Auseinandersetzung mit Krankheitserregern aufgebaut werden. Aus diesen Gründen reagieren Babys häufig empfindlicher als Erwachsene auf bestimmte Keime.

Hygiene in anderen Ländern: Schlechte Hygiene hat zum Teil mit dem Klima eines Landes zu tun: Feuchtigkeit und Wärme fördern die Verbreitung bestimmter Erreger. Eine mindestens ebenso große Rolle spielt aber die Armut der Bevölkerung. Besonders kritisch ist in armen Ländern immer das Wasser. Häufig fehlen ausreichende Kläranlagen. Mit Fäkalien verunreinigtes Abwasser kann also unaufbereitet in Gewässer kommen, aus denen Trinkwasser oder

Wasser für das Waschen oder die Zubereitung von Lebensmitteln entnommen wird. Krankheitserreger, die von Menschen ausgeschieden werden, können auf diesem Wege wieder andere Menschen infizieren.

Mangelnde Hygiene ist gefährlich: Wenn wir aus einem westlichen Land mit hohem Hygienestandard in ein Land mit niedrigem Standard reisen, kommen wir in Kontakt mit ungewohnten Keimen. Relevant sind dabei in erster Linie Durchfallerreger. Für Erwachsene sind Durchfallerkrankungen meist schlicht lästig. In den häufigsten Fällen dauert die Krankheit nur einige Tage und führt nicht zu Komplikationen. Für Babys und kleinere Kinder allerdings können auch sonst harmlose Durchfallerkrankungen gefährlich werden. Sie haben geringere Flüssigkeitsreserven und auch die Flüssigkeitszufuhr während der Krankheit ist oft deutlich schwieriger. Babys sind also stärker von Austrocknung bedroht. Durchfall ist eine Krankheit, an der insbesondere Säuglinge und Kleinkinder in der Dritten Welt häufig sterben.

Stillen – hygienisch einwandfrei: Die beste Vorsichtsmaßnahme für Säuglinge ist das Stillen. Nicht nur, weil Muttermilch hygienisch in aller Regel einwandfrei ist. Die Muttermilch enthält außerdem neben Nähr- und Mineralstoffen immunologisch relevante Proteine. Sie beeinflussen, welche Keime in der Darmflora des Kindes wachsen können und welche nicht; so schützen sie das Baby vor Infektionen. Wer sein Kind voll stillt, ist auch unabhängig von der Beschaffung von Formulapulver oder Säuglingsnahrung. Dies kann vor allem in ärmeren Ländern ein Problem darstellen, da Produkte teilweise nur sehr schlecht erhältlich sind, häufig nicht in hygienisch einwandfreier Qualität zur Verfügung stehen oder mit Schadstoffen belastet sein können wie zuletzt in China. Unter diesem Gesichtspunkt bietet es sich an, Kinder während einer längeren Tropenreise über die sonst empfohlenen sechs Monate hinaus voll zu stillen.

Hygieneregeln auf einer Reise: Antibakterielle Seifen oder Desinfektionsmittel sind übertrieben. Aber die klassische Tropenregel sollte in ärmeren Ländern pingelig beachtet werden: »Boil it, peel it or forget it.« Das bedeutet: Gegessen wird nur, was gekocht oder geschält wurde. Offenes, nicht industriell abgepacktes Eis, Getränke mit Eiswürfeln, Salate, Obstsalate sind tabu. Diese Empfehlung gilt schon für Erwachsene, für Babys erst recht. Das Wasser fürs Milchfläschchen sollte abgekocht werden oder aus einer industriell abgefüllten und versiegelten Flasche kommen. Flasche, Sauger und Schnuller sollten täglich mit einwandfreiem Trinkwasser ausgespült werden. Wer mehr tun möchte, kann Flasche und Sauger regelmäßig auskochen. Das bedeutet: nicht weniger als fünf Minuten in sprudelnd kochendem Wasser. Auch für das Zähneputzen sollte nur einwandfreies Wasser verwendet werden. Daneben gelten auch weiter die »üblichen« Hygieneregeln: Eltern sollten darauf achten, sich nach dem Windelwechsel die Hände zu waschen. Größere Kinder, die schon am Tisch mitessen, sollten sich vor der Mahlzeit die Hände waschen. Normale Seife ist dabei völlig ausreichend.

Besondere Vorsicht gilt in vielen tropischen Ländern, in denen die Wurmerkrankung Schistosomiasis verbreitet ist. Die im Süßwasser vorkommenden Larven können intakte Haut durchdringen und so einen Menschen infizieren. In Gebieten, in denen diese Wurmerkrankung vorkommt, sollte Kindern das Baden, Schwimmen oder Spielen in Seen oder anderen stehenden oder langsam fließenden Gewässern verboten werden, und auch Erwachsene sollten den Kontakt mit Süßwasser meiden.

Ungesunde Übertreibungen: Eine vernünftige, angemessene Hygiene einzuhalten macht Sinn: etwa auf gründliches Händewaschen zu achten. Allerdings kann man es mit der Vorsicht auch übertreiben. Es gibt eine interessante Hypothese zum Thema Hygiene: In hoch industrialisierten Ländern, in denen die Menschen in einem sehr reinen Umfeld leben, wird ein deutlich vermehrtes Auftreten von allergischen Erkrankungen beobachtet. In der Dritten Welt sind Allergien dagegen selten. Eine Vermutung: Dies könnte an der fehlenden Auseinandersetzung mit Erregern, insbesondere Würmern, liegen.

Gesunde Kinder können durchaus auch im Dreck spielen, und wenn sie dabei einmal Schmutz in den Mund nehmen, ist das kein Grund zur Panik.

Webseite der Bundeszentrale für Gesundheitliche Aufklärung zum Thema Reisen, mit guten Infos zu den häufigsten Reisekrankheiten: www.bzga-reisegesundheit.de

■ WIE HELFE ICH BEI MAGEN-DARM-PROBLEMEN?

Durchfall und Übelkeit sind bei Kindern klassische Nebenwirkungen einer Reise. Dr. Nina Buschek von NetDoktor (www.netdoktor.de) erklärt, was Eltern tun können:

Das Problem: Kinder reagieren auf Ernährungsumstellungen leicht mit Magen-Darm-Problemen. Und: Gerade Babys in den ersten sechs Monaten sind sehr empfindlich, was die Hygiene angeht.

Zur Vorbeugung: Die leichteste Vorbeugung in den ersten Monaten ist: Stillen. Da haben Sie im Ausland weder eine Ernährungsumstellung noch Hygieneprobleme. Achten Sie bei der Zubereitung von Säuglingsnahrung auf strengste Hygiene, das heißt:

Kochen Sie das Wasser vorher ab oder nehmen Sie Wasser aus versiegelten Flaschen.

Erste Hilfe: Kinder brauchen jetzt in erster Linie Flüssigkeit. Stillkinder sollten häufiger angelegt werden; versuchen Sie zusätzlich, Ihrem Baby löffelweise verdünnten Tee in den Mund zu tröpfeln. Da dem Körper durch Erbrechen und Durchfall wichtige Salze verloren gehen, reicht auch bei älteren Kindern reines Wasser nicht aus. Elektrolytlösungen aus der Apotheke sind sehr gut geeignet. Wenn Ihr Kind nicht allzu schlimm erkrankt ist, können Sie es mit Tee versuchen; besonders empfehlenswert sind Kamille, Pfefferminze, Fenchel oder Heidelbeere. Fruchtsaft, zur Hälfte mit Wasser verdünnt, ist auch gut. Purer Fruchtsaft enthält zu viel Zucker, der dem Körper nur noch mehr Flüssigkeit entzieht. Säuglingsmilch kann auch weitergegeben werden, vielleicht ein bisschen stärker verdünnt. Geben Sie in die Milch, den verdünnten Saft oder den Tee eine kleine Spur Zucker und Salz, damit Ihr Kind auch Glukose und Elektrolyte bekommt: auf einen Liter Flüssigkeit ungefähr sieben Teelöffel Traubenzucker und einen Teelöffel Salz.

Am besten machen Sie Ihrem Kind eine Suppe. Bei Durchfall sind Reisschleimsuppen, pürierte Karottensuppe oder auch Brühe sehr gut; fügen Sie auch wieder etwas Zucker und Salz hinzu. Vor allem aber sollte Ihr Kind etwas bekommen, was ihm auch schmeckt. Hauptsache, es nimmt etwas zu sich. Was nicht hilft, auch wenn das immer noch als Hausmittel verkauft wird: Cola und Salzstangen. Die Cola ist zu süß, sie macht den Durchfall bloß schlimmer, und die Salzstangen enthalten nur Natriumchlorid und kein Kalium, das aber auch wichtig ist.

Zum Arzt: Im ersten Lebenshalbjahr sollte man zum Arzt gehen, wenn der Säugling länger als sechs bis acht Stunden Durchfall hat. Von Durchfall spricht man bei mehr als fünf Stühlen am Tag. Insgesamt muss man bei kleinen Kindern sehr darauf achten, ob ihr

Flüssigkeitshaushalt in Ordnung ist. Das sehen Sie beispielsweise an der Fontanelle: Sie sinkt ein, wenn der Körper zu wenig Flüssigkeit hat. Kleine Kinder entwickeln dann auch schnell stehende Hautfalten: Wenn man an ihrem Ärmchen zieht, bildet sich eine kleine Hautfalte, die nicht wieder zurücksinkt. Was auch Anzeichen sind: tiefe Augenringe und wenn beim Weinen keine Tränen kullern. Es hilft auch, dem Kind in den Mund zu gucken. Die Schleimhaut sollte rosig und feucht sein, das Kind sollte sichtbar Speichel im Mund haben. Und im Zweifelsfall: Experimentieren Sie mit Babys nicht zu lange selbst, gehen Sie lieber zu früh zum Arzt.

■ WAS HILFT BEI HAUTPROBLEMEN?

Lange war sie ein beliebtes Mitbringsel aus England oder den USA, mittlerweile gibt es die »Rescue Creme« auch in Deutschland zu kaufen, zum Beispiel in den Apotheken. Sie hilft, ruft unser Freundeskreis unisono, bei Prellungen, Schürfwunden, Sonnenbrand, leichten Verbrennungen und sonstigen Hautproblemen. Angeblich auch bei Pickeln. Also keine schlechte Ergänzung für die klassische Reiseapotheke.

■ WORAN ERKENNE ICH, DASS MEIN KIND ERNSTHAFT KRANK IST?

Gerade beim ersten Kind tun sich Eltern oft schwer, Krankheiten bei ihrem Baby einzuschätzen. Kita-Erzieherinnen verraten, was ihre Warnsignale bei kranken Kindern sind:
- »Die ›Weinstimme‹. Sie klingt anders als sonst« (Kita Lilliput, Bonn).
- »Wenn ein Kind nicht isst, nicht trinkt, nicht spielt; nur apathisch in der Ecke sitzt und nicht am Gruppenleben teilnimmt.

Dann ist etwas. Entweder ist es traurig oder eben krank« (Kita Wrangelstraße, Hamburg).
- »Das sieht man meist an den Augen und an der Mimik. Das Kind ist ganz ruhig, apathisch. Das fällt einfach auf« (Kita Stoppelhopser, Wuppertal).
- »Mit der Zeit kann man die Kinder einschätzen; wir kennen sie ja gut. Das macht uns stutzig: ein roter Kopf, glasige Augen, wenn es knatschig ist. Dann muss man sein Verhalten genau anschauen und die Temperatur messen« (Kita »Mit Herz und Hand«, Greven).
- »Ein wichtiger Indikator: Fieber. Sobald ein Kind erhöhte Temperatur hat, sollen die Eltern es abholen und zum Kinderarzt fahren. Wir rufen lieber einmal zu früh an als zu spät« (Kita Stadtzwerge, Kiel).
- »Wenn es keine Energie hat. Und wenn es weinerlich ist, besonders anhänglich« (Kita Wigwam, Karlsruhe).

■ KANN MAN MIT KRANKEM KIND VERREISEN?

Das kommt natürlich auf die Krankheit an, aber auch auf die Art der Reise und vor allem auf die Fortbewegung. Wer im eigenen Auto losfährt, kann im Zweifelsfall sogar mit einem Kind reisen, das Windpocken hat. In öffentlichen Transportmitteln ist das wegen der Ansteckungsgefahr tabu. Eine leichte Erkältung ist wiederum kein Problem, wenn man im Zug durch die Landschaft rollt. Im Flieger könnte das aber dem Baby noch mehr Probleme beim Druckausgleich bereiten, als kleine Kinder eh schon haben. Am besten beraten Sie sich also mit dem Kinderarzt. Auch wenn der Sie fahren lässt, gibt er Ihnen vielleicht Medikamente mit für den Fall, dass sich die Krankheit verschlimmert.

Chronische Krankheiten wie Asthma oder Diabetes sind kein

Hinderungsgrund für eine Reise. Man muss sich allerdings noch gewissenhafter vorbereiten, also: ausreichend Medikamente einpacken. Unterwegs die Kühlvorschriften beachten. Gerade bei seltenen Krankheiten kann es vor Ort sehr hilfreich sein, wenn der Kinderarzt die wichtigsten Informationen aufschreibt: unter was für einer Krankheit das Kind leidet, welche Medikamente es bekommt, welche Maßnahmen bei einer Verschlechterung ergriffen werden. Der Brief sollte mindestens ins Englische übersetzt werden, noch besser in die Landessprache des Zielortes.

Daheim in Damaskus

Im Nationalmuseum in Damaskus ist eine Keilschrifttafel mit dem ältesten Alphabet der Welt ausgestellt, außerdem jahrhundertealte Korane und Schwerter und jahrtausendealte Fetzen Seide. Doch, das ist wirklich spannend. Spannend sind natürlich auch: die Umayyad-Moschee, der Azem-Palast, die Gerade Straße und das Christenviertel Bab Tuma, die schon in der Bibel auftauchen; hier soll Saulus zum Paulus bekehrt worden sein.

Noch spannender ist das »October War Museum« am Stadtrand. Das hat der Bruderstaat Nordkorea Syrien geschenkt. Mit gigantischen Wandgemälden, einem Modellbau der Stadt Qunaitra auf den Golan-Höhen und einem zehnminütigen Schwarz-Weiß-Film wird der Jom-Kippur-Krieg mit Israel von 1973 aus syrischer Sicht gezeigt. Die ist, äh, etwas anders als das, was wir so in unseren Geschichtsbüchern lesen. Ob es nun das laute Geballer im Film war, das flackernde Mündungsfeuer, die aufgeregte Sprecherstimme oder die Untertitel à la »gegen den zionistischen Plan« und »jüdische Weltverschwörung«: Nepomuk mochte den Film nicht besonders und deswegen mussten wir leider, leider sehr schnell wieder raus aus dem nordkoreanisch-syrischen Kriegsmuseum.

Am allerspannendsten finden wir eh das Café Al-Nawfara, einige Stufen unterhalb der Moschee und gleich um die Ecke von unserer Wohnung. Ich mag den starken Mokka. Mein Sohn himmelt die bärtigen Männer an den Nachbartischen an, die an ihren Wasserpfeifen ziehen und dann fruchtige Dampfwolken in die Luft pusten. Mein Mann genießt die Gesprächspartner, die Nepomuk uns an den Tisch lächelt: zwei syrische Studenten, eine Irakerin, die gerade ihre Schwester hier in Damaskus besucht, einen schwedischen Fotografen.

Unser Sohn ist die Eintrittskarte in den Alltag von Damaskus. Wir haben unsere Klamotten aus den Rucksäcken in einen Schrank sortiert. Wir haben einen Schlüssel in unserer Hosentasche statt beim Portier, wir kochen Nepomuks Schnuller und Sauger selbst ab, wir haben ein Zuhause. Wir müssen nicht mehr packen, Hotelzimmer buchen, Straßenkarten lesen, mit Autofahrten taktieren. Wir machen Urlaub. Wir sehen weniger und erleben mehr.

Unsere Lieblingsorte sind nicht Museen voller Kriegsgeballer oder antiker Seidenfetzen, Moscheen oder Bibelstätten, sondern der Bäcker einige Schritte die Straße hoch, der seine Fladenbrote frisch aus dem Steinofen holt. Der Gemüsemarkt gleich hinter der Altstadt, wo frische Mandeln vom Pferdekarren aus eingepackt und abgewogen werden. Der Junge mit seiner Schubkarre auf der Straße, der mit drei Handgriffen einen Becher frischen Orangensaft presst. Der Shawarma-Stand, vor dem wir abends sitzen und den Menschen hinterherschauen, während aus unseren Teigrollen die Knoblauchsoße tropft. Unsere Dachterrasse, von der wir über unsere frisch gewaschene Wäsche auf der Leine hinweg das Minarett der Umayyad-Moschee sehen.

Jeden Morgen geht mein Mann mit Nepomuk auf den Schultern zum Bäcker und kauft unsere Frühstückscroissants. Wir treffen uns im Café Al-Nawfara und am dritten Tag brauchen wir beim

Kellner nicht mehr bestellen. Sobald er uns sieht, stellt er einen Tee und einen Mokka auf den Tisch; kaum ist der erste Mokka leer, kommt der zweite. Mittags stehe ich in unserer Küche und zermatsche Kartoffeln und Karotten mit einer von unseren drei Gabeln, die sich auf den leichtesten Druck verbiegen wie sehr gelenkige Yogis. Abends sitzen wir mit Shawarma oder Falafel und Maulbeersaft auf der Straße.

Dazwischen schauen wir uns hin und wieder mal ein Museum an, öfter trinken wir Tee mit dem Teppichhändler um die Ecke oder schlendern über den Basar. Am häufigsten laufen wir gebückt wie der Glöckner von Notre-Dame durch die Altstadt, vor uns halten wir an den Händen unseren vor Freude quiekenden Sohn. Auf zwei Beinen.

Nepomuk lernt laufen. In den Altstadtgassen von Damaskus.

UNSERE REISE

Niki (35) reiste mit Heiko (38) und Tochter Ellen (10 Monate) für zehn Wochen nach Chile. Nach zwei Wochen in einem Apartment in Valparaiso fuhren sie sechs Wochen im Camper durchs Land; am Ende verbrachten sie zwei Wochen in einem Haus im Norden von Chile.

DAS GEFIEL ELLEN: Die Chilenen sind extrem kinderfreundlich und selbst kinderreich. Alle haben immer auf Ellen reagiert und Faxen gemacht. Sie hatte keine Berührungsängste. Das war ganz toll.

ZEIT ALS PAAR: Unsere Zeit als Paar war schon eingeschränkt. Zu Hause in Berlin ist sie das natürlich auch; da nehmen uns jedoch die Großeltern mal das Kind ab. In Chile haben wir abends, wenn Ellen schlief, zu zweit gegessen und Wein getrunken. Aber da wir am nächsten Morgen wieder früh losmussten, war die Zeit zu zweit kurz.

DAS WAR SCHÖNER ALS ZU HAUSE: Als Familie permanent zusammen zu sein war natürlich toll. Ich fand es sehr schön, die Kleine mit ihrem Vater zu sehen; so oft sehen sie sich sonst nicht. Sie haben eine ganz andere Beziehung miteinander geknüpft.

DAS WAR ANSTRENGEND: Am Anfang war das Reisen im Camper einfach ein Abenteuer, aber dann wurde es anstrengend. Wir waren selten zwei Nächte an einem Ort, mussten also immer direkt abwaschen und aufräumen. Tagsüber saßen wir lange im Auto; das fand auch Ellen nicht so toll. Uns hetzte oft der Gedanke: Wir müssen ankommen, bevor es dunkel ist. So viel Strecke würden wir nicht mehr zurücklegen; da haben wir zu viel gewollt. Die Wochen in der Ferienwohnung oder im Haus waren wesentlich entspannter.

DAS HAT UNS DIE REISE GEBRACHT: Eine sehr intensive gemeinsame Zeit. Mein Mann und ich konnten uns auf dieser Reise noch einmal neu als Eltern und Paar definieren; die Zeit dazu hat man zu Hause ja nicht. Wir haben gelernt, wie man sich dem anderen gegenüber verhält, wenn das Auto einen Platten hat oder das Wetter schlecht ist oder sonst etwas schiefgeht. Das war ein wichtiger Annäherungsprozess. Was wir auch gelernt haben: was man mit einem Kind alles machen kann. Die Kleinen sind erstaunlicherweise recht anpassungsfähig. Ortswechsel sind kein Problem. Man muss ihnen nur ein bisschen Zeit geben.

In der Fremde zu Hause

Unterwegs sein mit Baby ist anstrengend, darin waren sich alle befragten Familien nach ihren Elternzeit-Reisen einig. Die Eltern wie die Babys; die lassen es schließlich gleich die ganze Welt wissen, wenn ihnen etwas nicht in den Kram passt. Was dagegen schön war: sich ein neues Zuhause in einem fremden Land aufzubauen. Diese Mischung aus Fremde und Vertrautheit, aus Abenteuer und Alltag.

■ WIE WOLLEN WIR WOHNEN?

Im Hotel? Die Vorteile sind die gleichen wie früher: Man muss im Hotel weder selbst das Bett machen noch morgens den Frühstückstisch decken (und dazu kommt noch: Nach dem Frühstück räumt jemand anderes die Krümel unterm Tisch weg…). Wenn das Hotel außerdem ein gutes Restaurant hat, kann man abends das Babyfon neben das schlafende Kind stellen und sich unten fein bekochen lassen. Doch für Eltern kommen diverse Nachteile dazu, die einem früher recht egal sein konnten: Ein Zimmer ist für eine Familie ganz schön eng. Ein Zimmer bedeutet nämlich: Abends muss man ruhig sein, um das Kleine nicht zu wecken, morgens ist das Kleine selbst alles andere als ruhig – und man kann sich nicht einmal abwechseln. Weiterer Eltern-Nachteil: In manchen Hotels dauert es morgens ganz schön lange, bis das Frühstücksbüfett gedeckt und der Kaffee aufgesetzt ist. Also zumindest wenn man in der Baby-Zeitzone lebt…

Im Babyhotel? Seit einigen Jahren hat die Tourismusbranche junge Eltern als Kunden entdeckt und sogenannte »Babyhotels« erfunden. Da gibt es dann nicht nur Babybadewannen, Hochstühle, Wickeltische en masse oder eine riesige Auswahl an Breisorten, sondern auch Kinderbetreuung; zum Teil sogar morgens früh, damit die Eltern mal wieder (gemeinsam!) ausschlafen können. Doch, hat was. Allerdings: Trotz Hilfe entkommt man dem Babyalltag in solchen Hotels natürlich nicht. Da gibt es allüberall volle Windeln und verkleckerte Lätzchen, da weint nicht nur das eigene Baby, sondern gleich ein Dutzend anderer, und vom Lärmpegel her könnte man wohl auch mitten auf einem Spielplatz zelten. Das wäre definitiv billiger, »Babyhotels« lassen sich die Rundumversorgung nämlich zünftig bezahlen. Was einem – neben der Ruhe – außerdem entgeht: die schöne Erkenntnis auf einer Individualreise, dass man den ganzen Krempel eigentlich nicht braucht, dass man ein Baby auch mal im Putzeimer baden kann oder einfach mit unter die Dusche nimmt, dass es nicht immer nur Hipp oder Alnatura sein muss, sondern auch mal der Gemüsestand um die Ecke sein kann.

In der Ferienwohnung oder im Ferienhaus? Macht das Leben in der Fremde zum Alltag – mit allen Vor- und Nachteilen. Man trägt seinen eigenen Schlüssel mit sich rum, kann frühstücken, Mittagsschlaf halten oder abendessen, wann immer einem danach ist; man hat Platz und mehr Ruhe und selbst weniger Skrupel, morgens um sieben auch mal fröhlich mit dem Baby durchs Wohnzimmer zu toben. Dafür kocht und spült und putzt man natürlich auch selbst. Das ist Geschmackssache und vielleicht auch ein bisschen eine Frage, ob man sich darüber schon zu Hause in die Haare kriegt. Bei der Wahl des Hauses oder der Wohnung darauf achten: Ein Pool oder ein Gartenteich bringt mit Baby mehr Sorge als Erfrischung. Steile Wendeltreppen oder ungesicherte Dachterrasse sind auch nicht gerade der Hit. Die einschlägige Elternliteratur rät außerdem: Schön ruhig sollte ein Ferienhaus liegen. Ich fände noch besser: in Babyfon-Reichweite eines netten Lokals.

Im getauschten Haus? Das Modell »Haustausch« ist die privatere und günstigere Variante vom Ferienhaus. Gerade für lange Auszeiten also doppelt von Vorteil. Das weltgrößte Haustausch-Netzwerk ist Homelink (www.homelink.de). Es gibt aber auch noch viele andere Kontaktbörsen für Tauschwillige. Die Regeln: Auf den Seiten kann man erst einmal kostenfrei schauen, was andere so anbieten; Fotos und Kontaktdaten sind allerdings für Nicht-Mitglieder gesperrt. Gegen einen Mitgliedsbeitrag von um die 100 Euro kann man dann sowohl auch diese Daten einsehen als auch zusätzlich ein eigenes Inserat aufgeben.

Im Wohnwagen? Wohnwagen haben einen entscheidenden Vorteil beim Reisen mit Babys: Man kann ein wenig Strecke machen – und erspart dem Kind gleichzeitig trotzdem, jede Nacht an einem anderen Ort schlafen zu müssen. Eine gute Mischung also aus Roadtrip und Heimatgefühl.

Im Zelt? So ein Urlaub im Zelt kann heutzutage ganz schön luxuriös sein. In sogenannten »Familien-Zelten« gibt es mittlerweile extra abgetrennte Kinderzimmer; sie sind so hoch, dass man innen sogar stehen kann. Bei schlechtem Wetter kann das beim Kochen, Essen, Spielen durchaus eine nette Sache sein. Das hat natürlich seinen Preis, sowohl in Euro (ab 500 Euro aufwärts) wie auch in Sachen Gewicht (ab zehn Kilo aufwärts). Wer also sein Zelt nicht im Auto durch die Landschaft fährt, sondern auf seinem Rücken schleppt, muss Abstriche machen. Ein Zelt, das eher im Drei-Kilo-Bereich liegt, bedeutet auch sehr kuschelige Nächte als Familie. Was übrigens für Zelte aller Größen und aller Preisklassen gilt: So eine Zeltwand kann vielleicht gerade noch den Regen abhalten, aber nicht den Lärm. Einer Gruppe kreischender Jugendlicher schaut man da schon nicht mehr ganz so milde lächelnd hinterher, erst recht nicht, wenn sie gerade das Kleine aus dem Schlaf gerissen haben. Andersrum gehen Kinder, die noch nicht durchschlafen oder morgens um sechs in allerbester Laune für lautstarke Spiele sind, ziemlich schnell nicht mehr nur den Eltern auf den Keks, sondern gleich allen umliegenden Urlaubern auch.

Im Ferienclub? Ein umfangreiches Kinderprogramm, etliche andere Familien und Plastikbändchen ums Handgelenk – für einige ist die All-inclusive-Lösung pure Entspannung, weil man sich im Urlaub mal keinen Kopf übers Kochen machen muss und eigentlich auch nicht übers Kind; das ist abgelenkt genug. Für andere ist sie genau das Gegenteil von Entspannung, weil der Lärmpegel konstant auf Spielplatzlevel ist und exklusive Familienzeit irgendwie anders aussieht.

In der Familienferienstätte oder im Naturfreundehaus? Die günstige Variante vom Club-Urlaub sind diese Häuser oder Hausanlagen, die von Wohlfahrtsverbänden bzw. der gemeinnützigen Organisation NaturFreunde verwaltet und gerade für Familien angeboten werden. Auch dort wird teilweise Kinderprogramm geboten; die Preise sind allerdings deutlich günstiger. Eine Liste der Naturfreundehäuser gibt es auf der Webseite www.naturfreundehaus.de. Die Familienferienstätten der Wohlfahrtsverbände sind leider nicht in einer Datenbank gebündelt. Da hilft nur googeln.

Auf dem Bauernhof? Damit die Kinder nicht irgendwann denken, alle Kühe seien lilafarben… Klar mögen gerade ältere Kinder gerne mal hinten auf einem Mähdrescher sitzen, selber melken, Eier sammeln oder Kartoffeln ernten. Einige Bauernhöfe sind gerade auch auf Babys und Kleinkinder spezialisiert und haben sich mit Gitterbetten, Hochstuhl oder Babybadewanne ausgerüstet. Eine Übersicht über verschiedene Bauernhöfe in ganz Deutschland bietet www.bauernhofurlaub.de.

■ WIE FINDE ICH EINEN BUNGALOW IN COSTA RICA?

Der kalifornische Internet-Unternehmer Craig Newmark hat sich selbst ein Denkmal gesetzt: »Craig's List« heißt die von ihm gegründete Webseite, eine Art globale Kleinanzeigensammlung, auf der Bungalows in Costa Rica zur Zwischenmiete annonciert werden oder ein Babysitter in Taiwan seine Dienste anbietet. Mittlerweile gibt es die Webseite sogar auf Deutsch. Wenn Sie also auf der

Suche sind nach einem mietbaren Haus oder Wohnwagen, nach Babysitter, chinesischsprachigem Kindergarten oder einer Gesangslehrerin in Bangladesch: Craig könnte in seiner Liste etwas für Sie haben (www.craigslist.org).

■ WELCHES MOBILIAR GIBT ES AUCH »TO GO«?

Der Hochstuhl: Klar, die bei Babys beliebteste Form des Hochstuhls hat man eh immer dabei – den eigenen Schoß. Wenn Eltern aber auch einmal essen wollen, ohne dabei Glas, Teller, Besteck und Essen verteidigen zu müssen, hilft nur ein Hochstuhl. Unsere Lösung für unterwegs war der »Sack'n Seat«: eine Baumwoll-Polyester-Konstruktion, die über Stuhllehnen gestülpt werden kann und das Baby am Stuhl festschnallt. Der Vorteil: so klein und leicht, dass er in jede Handtasche passt, auch für den abendlichen Restaurantbesuch. Der Nachteil: Über alle Stuhllehnen passt er nicht und bei sehr aktiven Kindern wirkt er nur so halb sicher. Der »Kindersitz im Taschenformat« kostet gute 20 Euro, mehr Infos und alle Bezugsquellen unter www.sacknseat.de. Eine Alternative, auf die Freunde schwören: aufblasbare Sitzerhöhungen für unterwegs, etwa von »The first years« oder »Baby Walz«. Durch eine eigene Rückenlehne wirken sie deutlich stabiler. Die Sitze wiegen etwa ein Kilo und kosten zwischen 20 und 40 Euro.

Der Wickeltisch: Eine Mutter, die keine Lust mehr auf sperrige Wickeltaschen hatte, entwickelte für unterwegs den »Wickelmax«: Die Unterlage ist 25 mal 20 Zentimeter groß und aus bedrucktem Baumwollstoff – schadstoffgeprüft, selbstverständlich! Dazu gibt es drei Wechselunterlagen aus Baumwollflanell und verschiedene Fächer mit Platz für Windeln, Trockentücher, feuchte Tücher, Wundcreme und was das Kleine sonst noch so an Kosmetika braucht. Der Wickelmax kostet um die 30 Euro und kann bestellt werden unter www.hoppediz.de.

Das Gitterbett: Oft kann man natürlich auch ein Kinderbett im Hotel oder in der Ferienwohnung mieten. Das spart Platz im Gepäck. Wenn man allerdings mehrere Wochen unterwegs ist, könnte man sich alleine von der Miete dafür schon eine ganze Armada an eigenen Betten kaufen. Weiterer Vorteil eines eigenen Reisebettes: Daran kann man Babys schon zu Hause gut gewöhnen. Auch bei mehreren Ortswechseln bleibt das Bett eine vertraute Konstante.

Die Nachttischlampe: Vom Designerteil bis zur Billigvariante in der Drogerie gibt es mittlerweile Orientierungslichter für die Steckdose. Der Vorteil für die Eltern: Wenn sie nachts nach ihrem Kind schauen wollen, müssen sie ihm weder mit der Taschenlampe ins Gesicht leuchten, noch stolpern sie in der fremden Umgebung über Stuhlbeine und Nachttischkanten. Der Vorteil fürs Kind: Wenn es schon zu Hause an die Lampe gewöhnt ist, bleibt in der Fremde doch etwas vertraut.

Die Wiege: Gerade bei sehr kleinen Kindern beruhigt die Schaukelbewegung einfach ungemein. Um nicht gleich eine komplette Stubenwiege mit auf die Reise schleppen zu müssen: Es gibt Spezialfedern, die man in beinahe jeden Türrahmen klemmen kann (zum Beispiel von »Lullababy«). Daran kann man das Oberteil des Kinderwagens hängen, eine Tragetasche oder auch spezielle Hängematten für Babys.

Syrische Mezze

Mein Mann hat einen Kollegen, der heißt Josef und ist Syrer. Auch wenn er seit Jahrzehnten in Deutschland lebt, ist er weiterhin Syrer, und das bedeutet: Als ihn einmal in Hamburg auf der Straße jemand nach dem Weg fragte, wohnte der anschließend eine Woche bei Josef.

In Damaskus treffen wir Josefs Schwester: Frau Katami. Da sie ihrem Bruder in nichts nachsteht, laden sie und ihre Familie uns zum Teetrinken in ihre Wochenendwohnung in den Bergen und schließlich auch zum Abendessen ein. Gastfreundschaft geht in Syrien nun einmal durch den Magen, und da die Syrer als besonders gastfreundlich gelten, geht hier eine ganze Menge durch den Magen.

Nachmittags holt Sohn Amer uns auf einen Spaziergang durch die Altstadt ab. Als Erstes kauft er eine Tüte mit zehn Pita-Broten, frisch aus dem Ofen. Für Nepomuk. Die Tüte wiegt beinahe so viel wie Nepomuk selbst. Dann fragt Amer, ob wir Lust auf Croissants hätten – was wir ablehnen können. Eine halbe Stunde später, im Café, will er uns eine Pizza ordern oder mindestens einen Teller Hummus – auch das können wir ablehnen. Auf dem Weg zum Taxi kommen wir an einem Stand vorbei, wo schalenweise dicke Bohnen verkauft werden – die können wir schon nicht mehr ablehnen. Amer kauft zwei Schalen. Als wir ihm nach einer halben Schale mit Worten, Händen und Kopfschütteln sagen, dass wir sonst gar kein Abendbrot mehr essen können, schaut er uns enttäuscht an. Dann redet er mit dem Bohnenverkäufer und der packt uns den Rest in eine Plastiktüte.

Bei Amer zu Hause ist der Tisch bereits gedeckt, für die ganze Familie: Amers Eltern, die Großmutter, Amers Schwester, ihr Mann, die zwei kleinen Töchter und für uns. Mittlerweile gehören wir auch schon beinahe zur Familie. Na ja, um ehrlich zu sein, nicht wir – nur Mimo. Den Namen Nepomuk fand Frau Katami ein bisschen kompliziert, also änderte sie ihn kurzerhand. Seitdem heißt unser Sohn Mimo und hat neben seinen beiden deutschen Großmüttern nun noch eine dritte.

Der Tisch ist also gedeckt, ein weißer Plastiktisch mitten im Wohnzimmer, darauf eine Wegwerftischdecke und sehr viele sehr volle Schüsseln. Der Fernseher läuft; für uns schalten die Katamis Deutsche Welle ein.

Ich unterhalte mich mit Tochter Katami – über unsere Kinder natürlich. Zu welcher Uhrzeit ihre beiden Klei-

nen sonst immer essen, frage ich sie. Sie sieht mich an, als sei das eine merkwürdige Frage. Wenn sie Hunger haben, antwortet sie.

Die Katamis sind sehr tolerant uns gegenüber. Sie sagen nichts, als ich aus unserem Rucksack die Thermoskanne mit heißem Wasser ziehe. Dass ich ihr Leitungswasser nur nach minutenlangem Abkochen an mein Baby lasse, haben sie längst verstanden... na, sagen wir: akzeptiert. Sie sagen auch nichts, als ich meine Packung Hirse-Buchweizen-Dinkel-Breipulver auf den Tisch stelle. Auch als Nepomuk das Gesicht verzerrt und die Lippen aufeinanderpresst und sich so weit wie möglich von meinem Breilöffel wegbäumt, sagen sie nichts. Frau Katami wedelt nur mit ihrer Hand in der Luft herum und deutet mir an, ich solle ihr den Kleinen mal geben.

Wie ein Vogelkind im Nest reißt Nepomuk auf Frau Katamis Schoß seinen Mund auf, während sie alles, was auf dem Tisch steht – bis auf den Hirse-Buchweizen-Dinkel-Brei – in ihn hineinschaufelt: Reis mit Huhn und Erbsen und Karotten, Joghurt, Schafskäse, frittierten Couscous, Tabbouleh, Pizzen, in Milch eingelegtes Rindfleisch, Salat. Mit der anderen Hand schafft Frau Katami es sogar noch, unsere Teller aufzufüllen, wieder und wieder, und nichts hält sie auf. Kein »No, thank you«, kein Kopfschütteln, kein Teller-Wegziehen, kein Über-den-Bauch-Streichen.

Nepomuk macht es klüger als wir: Als es selbst ihm zu viel wird, spuckt er einfach alles wieder übers Sofa, was ihm seine Adoptiv-Oma vorher in den Mund geschoben hatte. Sie trägt es mit Fassung. Er ist aus dem Schneider. Wir nicht. Nach dem Essen gibt es Obst, danach Nachtisch und daran führt kein Weg vorbei.

Mit schweren Bäuchen steigen wir ins Auto und fahren auf den Berg, auf dem angeblich schon der Prophet Mohammed stand und auf Damaskus schaute. Er beschloss damals, die Stadt zu meiden, weil er das Paradies nicht schon zu Lebzeiten betreten wollte. Vielleicht hatte er auch einfach Angst vor der syrischen Gastfreundschaft. Heute sieht Damaskus von dort oben aus wie ein illuminiertes Feld voller grüner Spargelstangen. Nachts werden die langen Minarette der Moscheen mit grünem Neonlicht bestrahlt, und es sind viele Minarette.

»Aber wenigstens der Mond ist der gleiche wie bei euch«, sagt Herr Katami. Er sagt das, nachdem wir ihm sehr viele Fragen gestellt haben über die Dinge, die nicht gleich sind, und davon gibt es viele, wie die Mengen an Essen.

Überhaupt das Essen; in Syrien verkaufen die Apotheken Babygläschen mit Schokoladenbrei, und selbst die Säuglingsmilch duftet verdächtig nach Vanille. Im Kindergarten gibt es jeden Morgen eine Fernsehstunde; die Kinder müssen ganz still auf ihren Hockern sitzen und zuschauen. Das haben uns deutsche Bekannte erzählt, die mit ihren drei Kindern seit einem guten Jahr in Damaskus leben. Sie haben auch erzählt, dass ihre Kinder es genießen, hier einen wildfremden Menschen anlächeln zu können und immer eine Antwort zu bekommen. Ein Lächeln mindestens, meist einen Freudenruf, hin und wieder einen Kuss.

Unser Sohn schläft längst in seinem Tragesack und Herrn Katamis Enkelkinder springen fröhlich durch die Gegend. Um welche Uhrzeit sie ins Bett gebracht werden, frage ich Tochter Katami. Wenn sie müde sind, antwortet sie.

Der Mond hängt satt und schwer über der Stadt; ein bisschen anders sieht er schon aus. Es ist kühl geworden auf dem Berg. Frau Katami setzt sich neben mich und wirft ihren Wollschal über ihre und meine Schultern. Vielleicht nimmt sie doch nicht nur ihren Mimo in die Familie auf.

Plötzlich springt sie auf und eilt davon, als habe sie etwas Wichtiges vergessen. Als sie vom Auto zurückkommt, hat sie in der einen Hand eine Thermoskanne mit schwarzem Tee und in der anderen Hand: einen Picknickkorb.

UNSERE REISE

Katja (36) und Klas (41) verbrachten mit Tochter Mieke (11 Monate) sechs Wochen auf den thailändischen Inseln Ko Samui und Ko Phangan.

DAS GEFIEL MIEKE: Die Menschen! In Thailand sind alle sehr kinderlieb. Die Kellnerinnen im Restaurant haben mit ihr richtig Sightseeing gemacht. Erst war das für uns eine Überwindung. Dann haben wir es genossen. Wir konnten in Ruhe essen. Mieke hat überhaupt nicht gefremdelt. Im Gegenteil: Sie fand das super, rumgetragen zu werden, so viel Input zu bekommen.
DAS WAR ANDERS ALS ERWARTET: Wir waren schon manchmal auch gestresst. Wir konnten natürlich nicht mal eben auf den Nachtmarkt oder schnell aufs Moped springen. Wir mussten besser planen. Als wir auf die Nachbarinsel wollten, ist Klas vorgefahren und hat erst mal nach einer Unterkunft gesucht. Er hat Fotos gemacht, Vor- und Nachteile aufgeschrieben; abends saßen wir dann beim Gin Tonic zusammen und haben abgewägt, welche Hütte am besten ist.
MIEKES MAHLZEITEN: Es gab den Verdacht, dass Mieke eine Kuhmilchallergie hat. Also habe ich vor der Reise acht Kilo Ziegenmilchpulver im Internet bestellt – und dann gab es das doch in Thailand. Gläschen mit Brei haben wir dafür nicht gefunden. Wir haben einfach an den Ständen »Babyfood« bestellt: Die hatten immer einen Mixer, in dem sie Reis und Gemüse zu Brei pürierten. Wir hatten ihr schon zu Hause Jasminreis gegeben, damit sie sich daran gewöhnt. Unsere salzarme Kost wurde in Thailand natürlich total auf den Kopf gestellt. Maggi, Sojasoße – das hatte sie alles im Essen. Aber Mieke ist wahnsinnig interessiert, sie hat alles probiert. Selbst sauren Limonensaft.
DAS WAR ANSTRENGEND: Zum Schluss war es ungewöhnlich heiß für die Jahreszeit. Es ging kein Wind mehr, der Sand glühte. Da hat Mieke abgebaut. Sie war nicht mehr so fröhlich; mittags hingen wir im Bungalow mit Klimaanlage rum. Dazu kam noch eine Mittelohrentzündung. Da war klar: Jetzt ist es auch gut. Wir sind nach Hause geflogen, eine Woche früher als geplant. Das hatten wir aber von Anfang an gesagt: Wenn es Mieke nicht gut geht, brechen wir die Reise ab.

Ernährung auf Reisen

Kürzlich sprach ich mit einer Mutter, die sich in ihren Frankreich-Urlaub ein komplettes Paket mit Breigläsern und Milchpulverpackungen schicken lassen wollte. Weil die Babynahrung in Frankreich mehr Zucker enthalte als in Deutschland und überhaupt insgesamt nicht ansatzweise so gesund sei wie hier. Kann man machen, ohne Frage. Es geht aber auch etwas unkomplizierter.

■ **SOLLTE ICH AUF DER REISE WEITER STILLEN?**
Wenn Sie Fragen zum Thema Stillen auf Reisen haben, wenden Sie sich an Denise Both. Das riet man mir bei der Nationalen Stillkommission, einem Gremium aus Kinderärzten, Wissenschaftlern, Hebammen, Geburtshelfern und Vertretern der Stillverbände, das in Deutschland das Stillen von Säuglingen fördern will. Denn Denise Both ist nicht nur Chefredakteurin der Fachzeitschrift »Laktation und Stillen« sowie Autorin von Ratgebern für stillende Mütter wie Stillberater. Sie ist selbst Mutter von zwei Söhnen, die sie selbstverständlich stillte – und zwar jahrelang. Mehr als zehn Jahre lebte sie außerdem in Sambia und Simbabwe. Ihre Erfahrung: Reisen mit Stillkindern sind in der Regel sehr einfach.

Stillen auf Reisen ist praktisch: Muttermilch ist die optimale Nahrung für ein Baby und eine stillende Frau hat somit immer alles dabei, was sie braucht, um ihr Kind sicher und gut zu ernähren. Muttermilch entspricht »Fast Food« im besten Sinne dieses Wortes: immer dabei, sofort verfügbar, muss weder aufgewärmt noch gekühlt werden, verursacht keinen Verpackungsmüll und erspart den Eltern das Mitschleppen von Flaschen, Milchpulver, Wasser, Flaschenwärmer usw. sowie das Reinigen und Sterilisieren von

Flaschen und Saugern. Nicht zuletzt sorgen die Geborgenheit und die Nähe, die das Stillen mit sich bringt, dafür, dass ein durch ungewohnte Umgebung, Zeitumstellung und Veränderungen im gewohnten Tagesablauf verunsichertes oder aufgedrehtes Kind besser wieder zur Ruhe kommen kann.

Stillen auf Reisen ist gesund: Niemand muss sich Sorgen machen, ob sauberes Wasser und Strom verfügbar sind. Die in der Muttermilch enthaltenen Immunstoffe schützen das Kind zusätzlich vor Erkrankungen, und auch in heißen Klimazonen benötigt ein ausschließlich gestilltes Baby keine zusätzliche Flüssigkeit. Im Gegenteil, diese kann das Risiko für Infektionskrankheiten erhöhen.

Impfungen sind in der Stillzeit möglich; beim Kind, aber auch bei der Mutter. Frauen dürfen auch während der Stillzeit mit Tot- wie mit Lebendimpfstoffen geschützt werden. Es gibt sogar Impfungen, etwa gegen Meningokokken, Pneumokokken oder Cholera, bei denen diskutiert wird, ob die mütterlichen Antikörper durch die Milch auch den Säugling schützen. Es gibt keine Impfung, die eine Einschränkung des Stillens erfordert.

Stillen im Flugzeug: Die meisten Babys sind angenehme Reisegenossen im Flugzeug, nur beim Starten und Landen kann die Druckveränderung in der Flugzeugkabine ihnen schmerzhafte Probleme bereiten. Um diesen entgegenzuwirken, ist es sinnvoll, das Baby beim Starten und Landen anzulegen und trinken zu lassen. Durch das Schlucken kommt es automatisch zu einem Druckausgleich, der die Ohrenschmerzen verhindert. Außerdem wirkt das Stillen beruhigend auf das Kind.

Für die Mitnahme von abgepumpter Muttermilch gelten je nach Fluggesellschaft unterschiedliche Regeln. Es ist sinnvoll, sich vor Reiseantritt darüber zu informieren, wie es die gewählte

Fluggesellschaft handhabt. Brustpumpen dürfen in der Regel mit dem Handgepäck mit in die Kabine genommen werden. Die zum Durchleuchten des Gepäcks eingesetzten Strahlen haben keinen schädigenden Einfluss auf abgepumpte Muttermilch. Für Reisen in die USA gilt: Muttermilch gilt nicht als Flüssigkeit, von der ein biologisches Risiko ausgeht, sondern als Nahrung für den persönlichen Gebrauch. Daher finden die IATA-Regeln für den Transport von biologischen Substanzen der Kategorie B (N 3373) keine Anwendung, sondern es gelten die Richtlinien für den Transport von anderen gefrorenen Nahrungsmitteln und Flüssigkeiten. Abgepumpte Muttermilch muss bei der Einreise in die USA nicht beim Zoll angemeldet werden.

Aufbewahrung und Haltbarkeit von Muttermilch: Bei Raumtemperatur: so kurz wie möglich. Die Milch sollte nach 6 – 8 Stunden gefüttert und nicht weiter aufbewahrt werden.

Im Kühlschrank bei 4–6 °C: 72 Stunden. Die Milch an der kältesten Stelle des Kühlschranks aufbewahren, keinesfalls in der Kühlschranktür. Zwar gibt es Stimmen, die von einer Aufbewahrungszeit von 5–8 Tagen sprechen, doch es ist sicherer, die Muttermilch einzufrieren, wenn sie nicht innerhalb von 72 Stunden verbraucht wird.

Im Tiefkühlgerät bei mindestens minus 18 °C: bis zu sechs Monate und länger. Gefrorene Muttermilch kann einen gelblichen Farbton annehmen, doch das bedeutet nicht, dass sie verdorben ist. Bei hohem Lipasegehalt kann die Milch auch seifig schmecken; die meisten Kinder stören sich aber nicht daran und es ist auch nicht schädlich.

Unterwegs bietet sich die Verwendung von Kühlboxen und Trockeneis an, um die Milch kühl zu halten bzw. die Kühlkette nicht zu unterbrechen.

Kulturelle Besonderheiten: Nicht in allen Ländern wird das Stillen in der Öffentlichkeit gerne gesehen. Aus Rücksicht auf die Gepflogenheiten im Gastland ist es im Zweifelsfall sinnvoll, eher diskret zu stillen. Mit geeigneter Kleidung und etwas Übung ist es nicht schwierig, so zu stillen, dass es niemandem sofort auffällt, dass das Baby nicht einfach im Arm der Mutter schläft. Ein Tragetuch, ein Schal oder eine kleine Decke können ebenfalls dabei helfen, diskret zu stillen.

In den USA gibt es zwar ein Gesetz, dass jede Frau das Recht dazu hat, dort zu stillen, wo sie sich legal mit ihrem Kind aufhält, dennoch wird gerade in den Vereinigten Staaten vielerorts das Stillen in der Öffentlichkeit nicht gerne gesehen. Hier gilt, dass es manchmal klüger ist, nicht unbedingt auf sein Recht zu pochen, wenn man Schwierigkeiten vermeiden will.

In islamischen Ländern kann man hingegen die Erfahrung machen, dass das Stillen in der Öffentlichkeit nicht als anstößig betrachtet wird. Es passiert nicht selten, dass eine von Kopf bis Fuß verschleierte Frau seelenruhig ihr Kind in aller Öffentlichkeit anlegt.

Denise Boths Erfahrungen beim Stillen in der Fremde: Ich stehe in einer schier endlosen Schlange vor dem Büro der Zollbehörde. Bei der Einreise am »International Airport Harare« zwei Tage zuvor hatte man mir meine Schreibmaschine abgenommen, weil sie Texte speichern kann. 1990 war das. Noch ist es kühl, aber ich weiß, dass es bald sehr warm sein wird, und habe eine große Flasche Wasser für mich eingepackt. Für meinen vier Wochen alten Sohn habe ich nur frische Windeln und Wechselwäsche dabei. Es dauert. Nach einer Stunde wacht mein Baby auf und meldet lautstark seinen Hunger an; ich stille mein Kind im Stehen. Freundliche Blicke von den umstehenden Afrikanern, gepaart mit Erstaunen. Eine weitere

Stunde vergeht, ich habe nun einen Sitzplatz ergattert. Es ist schon ziemlich warm, mein Kind hat Durst und Hunger. Ich stille wieder. Eine Frau mit einem Baby in einem farbenfrohen Tuch auf dem Rücken spricht mich an. Sie fragt mich, wie alt denn mein Baby sei und wo ich herkomme. Wir beginnen ein Gespräch, so wie es Mütter tun. Auch ihr kleines Mädchen meldet seinen Hunger an und trinkt an der Brust. Eine weitere Frau gesellt sich zu uns und es ist, als ob plötzlich ein Bann gebrochen wäre: Wir unterhalten uns über unsere Kinder, über das lästige Warten und die fürchterliche Bürokratie. Die Zeit vergeht viel schneller und ich bin schon fast an der Reihe, als eine der beiden Frauen zu mir sagt: »Ich wusste gar nicht, dass Europäerinnen stillen, ich dachte, die geben alle die Flasche.« Ich bin froh, dass ich stille. Denn es dauert noch zwei weitere Stunden, bis ich meine Schreibmaschine wiederbekomme. Mein Wasser ist längst aufgebraucht und ich bin durstig und hungrig. Mein Kind hingegen ist die ganze Zeit zufrieden. Und: Ohne das Stillen hätte ich vermutlich die interessanten Gespräche unter Müttern verpasst.

1993, der letzte Urlaub, bevor unser großer Sohn zur Schule kommt. Wir wollen noch einmal nach Simbabwe, solange der Kleine unter zwei ist und fast umsonst fliegen kann. Drei Wochen vergehen wie im Flug und wir sind schon am Packen und Verabschieden, als unser Kleiner plötzlich so müde ist, sich erbricht, Durchfall hat. Ein Magen-Darm-Virus, zum ersten Mal in all den Jahren. Ich fahre zur Kinderärztin. Sie wirft einen Blick auf unser ziemlich teilnahmsloses Kind und fängt an, von Krankenhaus und Tropf zu sprechen. Hilfe, nein, ich will nicht mit dem Kind ins Krankenhaus und ich will auch keine Infusionen. Während die Ärztin redet, sucht mein Sohn nach meiner Brust. Ich lege ihn an und er trinkt. Ein langer Blick der Ärztin und dann ein Lächeln: »Ach, Sie stillen noch! Bei einer weißen Frau hätte ich das nicht erwartet, dann brauchen wir keinen Tropf. Stillen Sie so oft wie möglich, und falls es nicht besser wird, kommen Sie noch mal her.« Zwei Tage verbringe ich dauerstillend. Meinem Baby geht es zunehmend besser. Und wir können wie geplant nach Hause fliegen.

■ **WAS ESSEN ÄLTERE BABYS?**
Das Forschungsinstitut für Kinderernährung in Dortmund erforscht seit Jahren die optimale Ernährung für Kinder. Gerade im ersten Lebensjahr brauchen Babys spezielle Nahrung: Einerseits ist ihre Verdauung noch nicht voll ausgereift, andererseits benötigen sie bezogen auf ihr Körpergewicht besonders viel Energie und Nährstoffe. Für das erste Lebensjahr hat das Forschungsinstitut daher einen speziellen Ernährungsplan entwickelt (siehe: www.fke-do.de). Wie man den auch auf einer Reise einhält, erklärt die Ernährungswissenschaftlerin Mathilde Kersting:

Der Ernährungsplan gilt auch unterwegs: Es geht in unserem Plan nicht darum, welches Gläschen im Einzelnen gefüttert werden soll, sondern in welchem Alter Kinder welche Mahlzeiten brauchen. Es geht um die Art der Lebensmittel. Im zweiten Lebenshalbjahr sollte eine Mahlzeit mit Fleisch und Gemüse am Tag gegeben werden, eine Obst-Getreide-Mahlzeit und ein Milchbrei. Ansonsten wird gestillt oder das Fläschchen gegeben. Ich sehe keinen Grund, warum man von diesem Plan abweichen sollte.

Ausgewogene Ernährung ist wichtig: Und zwar sehr, sehr wichtig. Das Kind wächst ja noch stark. Wenn man in diesem Alter nicht dafür sorgt, dass die Babys alle Nährstoffe bekommen, die sie für ihr Wachstum brauchen, dann kann das unter Umständen langfristige Folgen haben. Gleichzeitig müssen Eltern darauf achten, dass bestimmte Nährstoffe nicht im Übermaß gefüttert werden. Auch das könnte negative Folgen haben: eine zu hohe Fetteinlagerung im Körper etwa, eine Programmierung von späteren Krankheiten wie Diabetes oder Übergewicht. In dieser Zeit wird der Grundstein für Ernährungsgewohnheiten gelegt.

Schokoladenpudding ist trotzdem kein Drama: Eltern müssen nicht am schlechten Gewissen verzweifeln, wenn ihr Kind im zweiten Lebenshalbjahr mal eine kleine Süßigkeit bekommt. Kleine Ausnahmen beeinträchtigen weder die Ernährungserziehung noch die Gesundheit des Kindes. Aber es sollten Ausnahmen bleiben. Babys brauchen keine Süßigkeiten. Es entgeht ihnen nichts, wenn sie die nicht bekommen. Wenn sie älter werden, um den ersten Geburtstag rum, sollte ja langsam der Übergang zur Familienkost stattfinden. Ab diesem Zeitpunkt haben wir einen anderen Ernährungsplan erstellt; darin sind auch »geduldete Lebensmittel« mit niedriger Nährstoffdichte wie Süßwaren, Knabberartikel und gesüßte Getränke integriert. Das Kind sieht ja nun, was die Familie isst. Davon kann man es nicht ganz fernhalten. Aber die Eltern sollten schon sehr versuchen, das zu steuern: Diese »geduldeten Lebensmittel« sollten auch nach dem ersten Geburtstag nicht mehr als zehn Prozent der Energiezufuhr ausmachen.

Baby-Breie im Ausland: Wenn Sie in Europa bleiben, haben Sie es einfach. Für den gesamten EU-Raum gelten für Babynahrung die gleichen Vorschriften. Sie werden also überall Gläschen finden, die für Babys sicher sind. Breie mit Schokolade kann ich nicht empfehlen, aber solche Dinge gibt es nicht nur im Ausland: Auch bei uns bieten schließlich manche Hersteller Stracciatella-Breie für Babys an. Da müssen Sie als Eltern wach sein und sich umschauen.

Vermutlich wird man auch in Nicht-EU-Ländern, wie der Türkei, Getreidebreie ohne viel Zucker finden.

Gläschen und Selbstgekochtes: Es spricht einiges dafür, auf einer Reise Gläschen zu nutzen. Die sind hygienisch einwandfrei; das Risiko für Ihr Kind ist also wesentlich geringer. Natürlich kann man aber auch eine Kartoffel und gekochtes Gemüse mit einer Gabel zermatschen und füttern. Wichtig: Dazu sollte immer ein Schuss Öl, möglichst Rapsöl, und regelmäßig auch mageres Fleisch. Würzen sollte man Babykost noch nicht. Besser sollten die Kleinen die Geschmacksvielfalt von natürlichen Lebensmitteln kennenlernen. Die verschiedenen Gemüsesorten schmecken schon unterschiedlich genug; geben Sie allenfalls frische Kräuter hinzu.

Gaumenvielfalt: Scheuen Sie sich im Ausland nicht, Ihrem Kind auch mal andere Gemüsesorten anzubieten. Studien haben gezeigt: Wenn Babys bei der Einführung von Gemüse mehrere Sorten angeboten bekommen und so verschiedene Geschmäcker wahrnehmen, sind sie später aufgeschlossener gegenüber neuen Lebensmitteln. Es ist also durchaus von Vorteil, wenn Kinder auch mal andere Gerichte aufgetischt bekommen als zu Hause. Sollte es beim ersten Bissen das Gesicht verziehen, muss das keine Ablehnung sein. Vielleicht braucht es ein wenig, um sich an den fremden Geschmack zu gewöhnen. Babys schauen sich viel von ihren Eltern ab: Wenn die in einem anderen Land mit Begeisterung fremdes Gemüse oder Obst essen, mag ihr Kind das mit Sicherheit auch.

Telefonberatung: Das Forschungsinstitut für Kinderernährung bietet Eltern telefonische Beratung durch Ernährungswissenschaftler an, auch bei der Vorbereitung einer Reise. Die Rufnummer: 01 80/4 79 81 83.

■ **KANN ICH MIR BABYNAHRUNG INS AUSLAND SCHICKEN LASSEN?**

Jein. Das kommt darauf an, in welches Land man sich Milchpulver und Breigläser schicken lassen will und von welchem Hersteller. Am besten einmal auf der Webseite des Babynahrungsherstellers nachschauen; nicht bei allen kann man überhaupt online bestellen. Hipp bietet zum Beispiel an, Ware für den Mindestbestellwert von 15 Euro zu verschicken – auch in einige andere Länder, allerdings nur europäische. Alleine die Lieferkosten liegen jedoch in manchen Ländern bei bis zu 25 Euro. Der Preis gilt dann allerdings auch für alle Gewichtsklassen an Bestellungen.

■ **WELCHES ESSEN IST LECKER UND GESUND?**

In einer Kita muss man den Geschmack von zig Kindern treffen und natürlich gleichzeitig auf eine gesunde Ernährung achten. Das sind die Geheimrezepte einiger Erzieherinnen:

- »Unsere Brokkolisuppe mit Croutons geht immer super, die schmeckt allen Kindern. Sie ist grün – daher heißt sie bei uns Hexensuppe« (Kita Lilliput, Bonn).
- »Am allerliebsten essen unsere Kinder Pfannkuchen mit Apfelmus. Und Nudeln gehen auch immer gut, in allen Varianten: im Auflauf, in der Suppe, mit Soße,…« (Kita Stoppelhopser, Wuppertal).
- »Ein Teller Obst, in handgerechte Stücke geschnitten, steht immer in den Gruppen auf dem Tisch. Da brauchen sie nur zuzugreifen. Was Kinder auch gerne mögen: Knusperbrote, Gemüse als Fingerfood. Problematisch wird es, wenn sie zu Hause zu früh an Fertiggerichte herangeführt werden. Die sind viel zu

süß und fett. Dann wird's schwierig mit Vollwerternährung« (Kita »Mit Herz und Hand«, Greven).
- »Was Kinder unter drei Jahren nicht mögen, ist gematschtes Essen; das können sie nicht identifizieren. Sie mögen eigentlich alles, was sie sich selbst in den Mund stecken können: geschnittenes Obst wie Äpfel und Bananen, Gurke. Auch für Ausflüge ist Fingerfood ideal« (Kita Wrangelstraße, Hamburg).
- »Alles, was mit Nudeln zusammenhängt. Mit den größeren Kindern machen wir auch schon mal Pesto selbst. Ansonsten stellen wir rund um die Uhr Obst und Gemüse in Snackform auf den Tisch. Ein ganzer Apfel ist uncool, kleine Häppchen nehmen Kinder aber gerne« (Kita Stadtzwerge, Kiel).

WIE ISST MAN MIT BABY IM RESTAURANT?

Gar nicht, wäre die klassische Antwort deutscher Eltern. Hierzulande ist die Toleranzgrenze gegenüber Babygeschrei, runtergeworfenem Besteck oder Essensresten nun einmal recht niedrig. In sehr vielen anderen Ländern gehören Kinder allerdings sehr viel mehr zum öffentlichen Leben dazu, auch im Restaurant. Für Familien, die bislang unerfahren sind in Sachen Restaurantbesuch mit kleckerndem Anhang, ein paar Tipps:

Der erste Gang fürs Kind: Satte Menschen sind grundsätzlich besser gelaunt, das gilt auch für Babys und Kleinkinder. Wer also sein Kind vor dem Restaurantbesuch füttert oder zumindest, bevor das eigene Essen auf dem Tisch steht, der muss etwas weniger mit einem kleinen Futterneider kämpfen. Falls das Kind bereits bei der Familienkost mitisst: einfach den Kellner bitten, sein Essen als Erstes zu bringen.

Animationsprogramm anderswo: Wenn es kein Spielzeug gibt außer dem Besteck und dem Salzstreuer auf dem Tisch, dann fliegen natürlich genau die auf den Boden. Und: Wenn es keine anderen interessanten Spielgefährten gibt außer den Eltern, dann sind halt die gefragt. Daher: Lieber noch etwas anderes zum Spielen mitnehmen und das Kind so setzen, dass es raus auf die Straße schauen kann oder auf den voll besetzten Nachbartisch oder zu der Kellnerin hinter dem Tresen, die eh schon die ganze Zeit so vernarrt herüberschaut.

Ausrüstung: Nicht ohne einen ordentlichen Satz Taschentücher und feuchter Tücher sich auf den Weg ins Restaurant machen!

Pavianarsch

Zu zweit in Elternzeit, das bedeutet: halb so viel schleppen, wickeln, füttern, einkaufen. Aber das bedeutet auch: doppelt so viel abstimmen. Morgens will ich dem Kleinen einen Pulli anziehen. Übertrieben, findet mein Mann und sagt das unverschämterweise auch noch. Mittags will ich Brei füttern. Noch wichtiger sei aber, dass Nepomuk trinkt, sagt mein Mann und setzt einfach ein Fläschchen auf. Wir diskutieren, wann der Kleine schlafen, essen, trinken, krabbeln soll. Ob er Sonnencreme braucht oder ob sein Sonnenhut reicht. Ob er heute schon wieder baden muss oder erst morgen. Ob Pita-Brot zum Frühstück reicht (wie mein Mann meint) oder er nicht noch ein paar Löffel Obstbrei bekommen sollte (sage ich). Zu zweit in Elternzeit, das ist wie zwei Chefs an einem Projekt.

Engagierte Väter sind toll, ohne Frage. Aber ehrlich gestanden: Manchmal gehen sie einem auch gehörig auf die Nerven.

Eigentlich streiten wir nicht miteinander, mein Mann und ich. Dafür sind wir berühmt unter unseren befreundeten Paaren, die doch hin und wieder mal streiten. Aber beim Reisen wird eben alles intensiver. Der Kaffee schmeckt immer stärker in der Fremde. Das Essen ist gewürzter, die Sonne wärmer, die Luft salziger, der

Nachtisch süßer, die Gespräche grundsätzlicher. Jeder Konflikt ist es auch.

Ich mache dir kurz Wasser warm, sagt der engagierte Vater an meiner Seite, als ich abends unserem Sohn die Windel wechsle. Er geht durch unseren kleinen Innenhof hinüber in die Küche und macht den Gasherd an. Zur Erklärung: Der Boiler braucht ganze zwei Stunden, bis lauwarmes Wasser herauströpfelt. Das Wasser, das mein Mann mir an unseren provisorischen Wickeltisch im Wohnzimmer bringt, ist ein paar Grad wärmer. Man könnte auch sagen: kochend heiß. Ich hole tief Luft. Und sage nichts.

Wir haben uns heute schon dreimal angerüffelt, dass der andere das Kind zu warm oder zu kalt angezogen hat, dass er es zu früh oder zu spät zum Schlafen hingelegt und dann auch noch das Falsche gefüttert hat. Vielleicht waren es auch viermal. Auf jeden Fall war es zu oft für meinen Geschmack. Wenn wir zur goldenen Hochzeit ein komplettes Seidenstraßen-Album beisammen haben, will ich auf den Fotos schließlich unsere lachenden Gesichter sehen und keine beleidigten Schnuten.

Ich sage also nichts und wende den nassen Waschlappen so lange in meinen Händen hin und her, bis ich ihn erträglich warm finde. Nepomuk bekommt seine frische Windel. Am nächsten Morgen hat er einen knallroten Hintern.

Verbrüht, sage ich.

Mein Mann sagt: Quatsch.

Doch, das Wasser gestern Abend, das war einfach zu heiß.

Quatsch. Du machst es immer zu kalt. Der Kleine mag das, wenn es schön warm ist.

Als Nepomuks Hintern im Laufe des Tages immer mehr zum Pavianarsch wird, setze ich wieder an: Du, ich glaube, wir haben ihm wirklich den Hintern verbrüht. Das Wasser gestern Abend war so heiß, dass ich den Lappen kaum in der Hand halten konnte.

Hä, sagt mein Mann und sieht mich verwirrt an. Warum sagst du denn dann nichts?

Wir knien auf dem Boden, zwischen uns unser verbrühtes Kind, und einen Moment sind wir kurz davor, uns noch einmal zu streiten. Dann haben wir etwas Wichtigeres zu tun. Wichtiger als zu streiten, wichtiger als einander zu beweisen, wer der bessere Babybetreuer ist: den Hintern unseres Babys verarzten nämlich.

Wir gehen in die Apotheke, und der Apotheker kann auch wieder Englisch und ist nett und macht alles ziemlich genau so wie die Apotheker zu Hause. Er gibt uns eine Salbe. Zwei Tage später hat sich die letzte rote Stelle von Nepomuks Hintern verzogen. Vorher mache ich noch schnell ein Foto von seinem Pavianarsch, denn der gehört schließlich auch in unser Seidenstraßen-Album.

Am nächsten Morgen zieht mein Mann Nepomuk an und geht mit ihm los, Croissants kaufen. Die Sonne hat es noch nicht bis in die Altstadtgassen hinein geschafft. Es ist kühl und Nepomuk trägt bloß ein dünnes Hemd. Ich will gerade Luft holen, da sieht mein Mann mich an und fragt: Sollten wir ihm noch einen Pullover anziehen? Ich nicke.

Wir sind nicht mehr zwei Chefs. Sondern ein Team.

UNSERE REISE

Achim (40) flog mit Mirjam (33) und den Töchtern Milena (6) und Sarah (4 Monate) für einen Monat nach Brasilien. Mit dabei: Achims Mutter.

DARAUF HABEN WIR GEACHTET: Wir wollten keine langen Strecken mit den beiden fahren. Daher waren wir in den vier Wochen auch wirklich nur an vier Orten, die recht nah beieinanderlagen: bei Freunden in São Paulo, in einem Haus auf dem Land und in zwei Strandhäusern.

UNSER REISERHYTHMUS: Der Jetlag war zum Glück nicht schlimm; im Winter beträgt der Zeitunterschied zwischen Deutschland und Brasilien gerade einmal drei Stunden. Daran haben sich unsere Töchter sehr schnell gewöhnt. Unsere Kleine hat während der Reise noch zweimal am Tag geschlafen: vormittags und nachmittags. Das haben wir bei allen Ausflügen berücksichtigt. Mal sind wir später losgefahren, mal früher zurückgekommen. Hin und wieder haben wir die Kleine auch einfach mal mit ihrer Oma im Haus gelassen.
ZEIT ALS PAAR: Als Paar hatten wir kaum Momente für uns. Das fanden wir aber nicht schlimm. Diese Reise haben wir ja ganz bewusst als Familie gemacht, mit unseren Töchtern und mit meiner Mutter. Genau das hat die Reise aber auch so schön gemacht. Beide Kinder haben es genossen, dass wir den ganzen Tag Zeit für sie hatten. Wir sind als Paar auch sehr glücklich, wenn die Kinder dabei sind. Als wir wieder zu Hause waren, haben meine Frau und ich gesagt: Das war unser schönster Urlaub.

Paarzeit im Familienurlaub

WIE WIRD MAN ZUM ELTERNTEAM?
Zu dieser Frage berät Eva Tillmetz, Familientherapeutin und Kommunikationstrainerin, seit Jahren Paare in ihrer Praxis oder durch ihre Ratgeber. Sie rät, wie Partner zum Elternteam werden und auf dem Weg dennoch auch Liebespaar bleiben.

WARUM IST DAS SO SCHWIERIG, WENN PARTNER ELTERN WERDEN?
Als Familie hat man plötzlich einen anderen Rhythmus. Die Mehrheit der Eltern entscheidet sich ja heute immer noch für das klassische Rollenmodell: Sie kümmert sich Vollzeit um Haus und Kind, er bindet sich verstärkt an die Arbeitsstätte. Dadurch verringern sich in den meisten Partnerschaften die gemeinsamen Berührungspunkte. Das führt häufig zu einem zunehmend sprachlosen Nebeneinander: Jeder

geht gewissenhaft seiner Aufgabe nach, doch gemeinsame Erlebnisse nehmen rasant ab.

DA MÜSSTE SICH DIE LAGE IN DER GEMEINSAMEN ELTERNZEIT ABER DOCH EIGENTLICH ENTSPANNEN. STATTDESSEN KRACHT ES OFT GERADE, WENN MAN IM URLAUB IST.
Moment mal, Elternzeit ist kein Urlaub. Das ist Arbeitszeit! Das Wort »Erziehungsurlaub« wurde ja zum Glück gestrichen.

TROTZDEM: MAN LEBT JA NUN ALS PAAR NICHT MEHR NEBENEINANDERHER, SONDERN SOGAR SEHR STARK MITEINANDER.
Oder füreinander. Das »vertrackte Füreinander« nennen wir in unserem Ratgeber die Falle, in die gerade Paare geraten, die sehr fürsorglich miteinander umgehen: Jeder möchte für den anderen da sein, keiner kann loslassen. So fährt man dem anderen ständig in die Parade. Das funktioniert nicht. Jeder muss erst einmal für sich seine Erfahrungen als Elternteil machen. Bei uns macht häufig die Mutter unendlich viele Erfahrungen, der Vater dagegen nur wenige. Gerade Mütter kostet das Loslassen viel Kraft. Auch weil von hinten immer so ein merkwürdiges Mütterbild schiebt: Eine Mutter hat 24 Stunden am Tag für ihr Kind da zu sein. Dabei sollten Mütter erkennen, dass es auch Dinge gibt, die nur der Vater einem Kind geben kann. Er traut ihm zum Beispiel in der Regel viel früher viel mehr zu. Das ist gut so; Kinder brauchen einfach beide Eltern. Das ist eine der wichtigsten Herausforderungen für Paare: einander als Erziehungspersonen zu sehen, die zwar nicht gleich sind aber gleichwertig.

GEHT DAS NICHT HARMONISCHER?
Solche Probleme müssen auftauchen. Wenn es nie dazu kommt, dann stimmt irgendetwas in der Familienkonstellation nicht. Dann zieht sich vielleicht einer der beiden ganz aus der gemeinsamen Verantwortung fürs Kind raus. Wenn beide ihre Rolle als Elternteil ernst nehmen, dann wird es immer wieder zu solchen Reibereien kommen.

Die Väter fordern heutzutage eben auch die Hälfte der Rechte am Kind. Und das ist gut so; die Abwesenheit der Väter in den letzten Generationen war schlimm. Dabei braucht es die Väter bei der Kindererziehung so sehr. Mein Co-Autor und ich schreiben in unseren Ratgebern: Eltern-Teamwork wird die Herausforderung des nächsten Jahrhunderts.

WIE SCHAFFT MAN DENN GENAU DAS: ALS ELTERNPAAR ZUM TEAM ZU WERDEN?
Durch regelmäßige Gespräche, klare Absprachen, eigenständige Aktionen beider Partner. Ob ein Paar in dieser Frühfamilienphase ein richtig gutes Team wird, hängt weitaus weniger davon ab, ob sie sich zuvor leidenschaftlich geliebt haben, ob sie sich schon lange kennen oder materiell gut abgesichert sind. Viel entscheidender ist, ob sie in den ersten Familienjahren miteinander im Gespräch bleiben und immer wieder um Lösungen ringen. Paare, die sich richtig reinhängen in diesen ersten Absprachen und Entscheidungen, haben für die Schul- und Pubertätszeit der Kinder bereits die halbe Miete gezahlt.

DANN HAT EIN KRACH SELBST AUF DER SCHÖNSTEN ELTERNZEIT-REISE SOGAR VORTEILE?
Unbedingt. Zu Hause hat man in der kompletten Familienkonstellation ja nur die Randzeiten des Tages. Da brechen solche Themen oft gar nicht auf. Gerade wenn der Stress von außen groß ist, geht es nur noch ums Haushalten: Jetzt bist du dran, dann ich.

HALTEN SIE DAS FÜR EINE GUTE IDEE, IM ERSTEN ODER ZWEITEN LEBENSJAHR EINE LÄNGERE REISE ALS FAMILIE ZU UNTERNEHMEN?
Ich kann es nur befürworten, dass ein Paar diese geschenkte Zeit annimmt. Gerade auf einer Reise wird der Blick ja auch mal wieder nach außen gelenkt. Als junge Familie neigt man dazu, sehr viel nach

innen zu schauen. Das kann also richtig guttun. Man muss natürlich erst einmal lernen: Eine Reise mit Kind hat ein anderes Tempo. Vergleiche mit früheren Urlauben als Paar sind da Gift. Da muss man locker werden. Wenn früher drei Tempel am Tag gingen, schafft man es als Familie nur noch in einen. Das ist aber egal; die anderen zwei Tempel stehen in 20 Jahren immer noch.

IHR RATGEBER TRÄGT JA NICHT NUR DEN TITEL »ELTERN WERDEN«, SONDERN AUCH: »PARTNER BLEIBEN«. WIE SCHAFFT MAN DAS?
Durch den Rückzug auf Liebesinseln jenseits der neuen Elternaufgabe. Ich empfehle Paaren zum Beispiel, sich für einen Abend in der Woche fest zu verabreden. In der einen Woche macht man »Elternabend« und redet über die Kita oder ein Erziehungsproblem. In der folgenden Woche gönnt man sich dafür einen richtigen »Paarabend«. Da bleibt das Kind mal ganz außen vor – auch als Gesprächsthema.

WIE FINDET MAN SOLCHE LIEBESINSELN AUF EINER FAMILIENREISE?
Gar nicht. Es gibt keine Paarzeiten auf einer Familienreise. Da sind beide Eltern. Solange man Verantwortung für sein Kind trägt, ist man hormonell anders gepolt. Auch wenn das Baby friedlich in seinem Zimmer schläft; Sie hören ja doch mit einem Ohr immer hin, ob es ihm gut geht. Das ist keine erotisierende Umgebung. Für heißen Sex brauche ich Abstand. Viele Paare sind nach einer Familienreise frustriert, weil im Bett nichts lief. Ich würde daher immer raten: Machen Sie doch von drei Wochen Urlaub nur zwei Wochen Familienurlaub. Verteilen Sie dafür die restlichen Urlaubstage übers Jahr und gönnen Sie sich hin und wieder ein verlängertes Wochenende, nur als Paar. Und bitte haben Sie kein schlechtes Gewissen! Sie können nicht alleine für ihr Kind da sein, mit allen Sinnen. Das kann keine Mutter und kein Vater leisten. Einem Kind tut es eh gut, wenn es nicht den ganzen Tag alleine mit der Mutter ist. Kinder brauchen drei oder vier Bezugspersonen. Großeltern, Tagesmütter, Pateneltern sind eine wichtige Entlastung.

> **WÜRDEN SIE KINDER ALS EINE BELASTUNG FÜR EINE PARTNERSCHAFT BEZEICHNEN?**
>
> Ich setze Paare, die zu mir in die Therapie kommen, gerne in einer Vision nebeneinander aufs Rentnerbänkchen. Die haben jetzt also 30, 40, 50 Jahre Zeit miteinander verbracht und sollen sich in dieser Vision selbst fragen: Was war wirklich wichtig? Was zum Beispiel sehr wenig wichtig ist, wenn man mit 75 Jahren so dasitzt, das ist der Beruf. Der Großkonzern hat sich weiterentwickelt, auch nachdem ich selbst nicht mehr da gearbeitet habe. Was dafür sehr wichtig ist: gemeinsam Kinder zu haben. Seinen erwachsenen Kindern anzusehen, was man ihnen mit auf den Weg gegeben hat. Das gibt dem Leben eine ganz andere Zukunft und Tiefe.

■ WIE SCHAFFT MAN SICH PAARZEIT IM FAMILIENURLAUB?

Paarzeit für die Eltern gibt es dann, wenn das Kind abgelenkt ist. Bei Babys und Kleinkindern bedeutet das: Wenn es schläft. Sprich: Tagsüber gibt es, je nach Schlafrhythmus des Kindes, ein bis drei kurze Zwischenpausen, und wenn es abends ins Bett gebracht ist, bleiben auch noch mal einige kurze Stündchen, bis die Eltern sich dann hinlegen. Klingt erst mal wie eine Binse, diese Aufzählung, aber: Im besten Fall schon bei der Planung der eigentlichen Reise, spätestens unterwegs bei der Planung des nächsten Tages sollte man mit diesen kurzen Auszeiten gut haushalten. Liebende Eltern neigen dazu, den Schlaf ihres Kindes zu nutzen, um mit dem Wohnmobil Strecke zu machen oder damit einer schnell einkaufen und der andere Wäsche waschen kann. Wer in einer Familienzeit auch hin und wieder Paarzeit genießen möchte, der sollte aber genau das Gegenteil tun: anhalten, Picknickdecke ausbreiten, Babyfon anschalten und Arm in Arm in die Wattewolken vor knallblauem Urlaubshimmel schauen.

Besuch von Dr. Hipp

Früher habe ich Vollkornbrot vermisst, wenn ich längere Zeit im Ausland war. Je nach Land war es auch guter Wein oder leckere Schokolade. Auf dieser Reise bekomme ich manchmal Heimweh nach Hipp, Alnatura, Holle und wie der ganze Trupp an Babynahrungsherstellern so heißt. Wenn man alle zwei Tage mit einer billigen Blechgabel Karottenstücke zu Brei zerdrückt, hat so ein Fertigglas schon einen gewissen Reiz.

Zum Glück bekommen wir für ein paar Tage Besuch. Von Freunden mit einem etwa gleichaltrigen Baby: Willem. Willem und Nepomuk kennen sich quasi schon aus dem Schwangerschaftsyoga, als wir Mütter sie Seite an Seite im »stehenden Bogen« oder im »herabschauenden Hund« in unseren Bäuchen hin- und herschubsten. Das verbindet. Gegen so viel Action ist ein Treffen auf der Seidenstraße natürlich reinster Pipifax. Aber Nepomuk scheint sich über den Besuch seines Kumpels zu freuen. Ich mich auch.

Während unsere Söhne ihre Stirnen aneinanderlegen und sich so was wie einen Eskimokuss geben, knie ich neben Willems Mutter und schaue ihr begeistert beim Auspacken zu. Birnenbrei, püriertes Hühnchen und Rind, Säuglingsmilch ohne Zucker oder Vanillegeschmack; also, ich glaube, selbst über das beste Vollkornbrot habe ich mich nicht so gefreut wie über dieses Gelage an Bio-Baby-Nahrung. Mit spitzen Fingern trage ich die syrische Vanillemilch zur Mülltonne vor der Tür.

Am nächsten Morgen steigen wir im Doppelfamilienpack in den Minibus, den wir uns für einen Tag gemietet haben. Mit etwas Verspätung fahren wir los. Der Fahrer hatte die Reservierung eines Kindersitzes nicht wirklich ernst genommen. Schaut euch doch diese Sitze an, sagt er verwundert, als wir ihn nach dem Sitz fragen. Die sind doch so bequem, mit Armlehnen, sagt er. Ich schüttele den Kopf, stemme meine Füße in den Boden wie ein bockiger Esel. Bequem reicht nicht, sage ich.

Nach einer halben Stunde ist der Fahrer zurück. Stolz öffnet er die Seitentür und präsentiert: den Kindersitz. Es ist haargenau der gleiche, in dem Nepomuk schon in unserem eigenen Mietwagen durch die syrische Wüste und die Berge gefahren ist. Mittlerweile bin ich fest überzeugt, dass es in Syrien wirklich nur diesen einen gibt.

In Maalula, einem Dorf etwa eine Stunde Autofahrt von Damaskus entfernt, türmen sich die Häuser übereinander einen Berghang hoch. Viele sind blau gestrichen. Unser Reiseführer vergleicht das Szenario mit der Amalfi-Küste; darüber können die Einwohner von Maalula nur müde lächeln. Hier wird noch Aramäisch gesprochen, hier steht angeblich die älteste Kirche der Welt; in den Canyon rettete Gott die heilige Thekla, eine frühe Christin, vor ihren Verfolgern. Gegen so viel Geschichte ist der Vergleich mit der italienischen Cabrio-Küste pure Blasphemie.

Die Kirche, den Canyon, die blauen Häuser bestaune ich – mit meinem linken Auge. Das rechte schielt zu Nepomuk. Der war termingerecht auf der Autofahrt eingeschlafen, schläft immer noch. Ich passe schon auf, verspricht unser Fahrer. Ich nicke, gehe einige

Schritte fort. Zögere. Schiele zu meinem schlafenden Kind. Bleibe stehen. Maalula mit einem Auge zu sehen ist auch schön.

Das Kloster Mar Musa erreicht man über eine staubige Wüstenstraße, einen Fußmarsch den Berg hoch und durch eine sehr niedrige und sehr dicke Holztür. Der Tisch ist schon gedeckt, als wir in den Innenhof kommen. In großen Töpfen dampfen riesige Mengen

an Reis, Gemüseeintopf, Fleisch. Irgendein Gast kommt immer vorbei und an manchen Tagen sind es eben sogar zwei Jungfamilien gleichzeitig. Pater Paolo, der das Kloster in den 1980er-Jahren wiederaufgebaut hat, kombiniert das christliche »Arbeiten und Beten« mit den arabischen Tugenden: Dayafa (Gastfreundschaft) und Hiwar (Dialog). In Syrien hat Dayafa noch eine weitere Bedeutung: verdammt große und volle Töpfe.

Vielleicht sollten wir Nepomuk, wenn er irgendwann mal ein schlaksiger, pickliger, stimmbrüchiger und vor allem hungriger Jugendlicher ist, zum Schüleraustausch nach Syrien schicken. Die müssten hier selbst Jungs im besten Futteralter noch locker satt kriegen.

Apropos Essen: Am nächsten Tag sind wir abends mal wieder bei Familie Katami eingeladen. Dieses Mal sind wir besser vorbereitet, denn wir kommen in doppelter Zahl und Stärke. Trotzdem bleibt reichlich Essen übrig. Aber wir haben auch den Kniff raus, wie man die syrische Gastfreundschaft gesund übersteht. Die wichtigste Regel ist: Auf keinen Fall den Teller leer essen. Dann wird nachgelegt, gnadenlos. Erst wenn der Teller noch halb voll ist und man mit mimischer und gestischer Theatralik schlimmste Völlegefühle signalisiert hat, erst dann geben sich Gastgeber wie die Katamis zufrieden. Dann lehnen sie sich zurück und lächeln glücklich und wissen: Mission erfüllt.

Mit einem Glas Tee sitzen wir nach dem Essen in den Plüschsofas der Katamis. Wir spielen eine Variante von »Bäumchen, wechsel dich«: Willems Mutter schäkert mit der jüngeren Katami-Enkelin; deren ältere Schwester singt und tanzt für Nepomuk. Willem sitzt auf dem Schoß von Urgroßmutter Katami und feixt sich einen mit deren Tochter und Enkelin. Syrien färbt auf uns alle ab. Die Freude an Kindern ist ansteckend.

Wir strahlen, sobald wir auf der Straße ein fremdes Baby sehen. Reichen uns Nepomuk und Willem hin und her. Wird einer von beiden gefüttert, isst der andere automatisch mit. Wir flöten ihnen Kosenamen zu und schwärmen von unseren Söhnen wie frisch verknallte Teenager. Vielleicht verbindet ein Treffen auf der Seidenstraße doch noch mehr als gemeinsames Schwangerschaftsyoga.

Weitere Reisebegleiter

■ WEN KÖNNTE MAN NOCH MITNEHMEN – ODER UNTERWEGS TREFFEN?

Die Großeltern: Wenn man sich selbst gut mit seinen (Schwieger-)Eltern versteht und die in ihr Enkelkind ganz vernarrt sind – warum nicht? Da gewinnt man neben netter Begleitung gleich noch den optimalen Babysitter. Anstrengend wird es aber, wenn die Großeltern nicht entlasten, sondern auch noch ihren Teil von den eh schon gut beanspruchten Eltern fordern. Ein einfacher Schnelltest: Sie sind bei Ihren (Schwieger-)Eltern zu Besuch. Alle sitzen beim Essen. Ihr Kind weint. Wie reagieren die Großeltern? Springen sie auf und sagen: Lasst uns machen, esst ihr mal in Ruhe – sofort mitnehmen. Bleiben sie sitzen, essen stoisch weiter, schauen gar noch genervt von dem Geheul ihres Enkels – suchen Sie sich eine gute Ausrede, warum das nicht klappt mit der gemeinsamen Reise.

Freunde und Verwandte mit Kindern: Großartig. Befreundete Familien können auf einer Reise eine echte Bereicherung sein. Fürs Kind: Denn, ganz ehrlich, gegen den Spaß mit anderen Kindern kommen weder die Eltern noch ein ganzer Kofferraum voller Spielzeug an, und für die Eltern: Weil man abends mal mit anderen

Erwachsenen auf der Dachterrasse beim Wein sitzt. Und weil man sich auch mal abwechseln kann mit Babysitten und Ausgehen.

Freunde ohne Kinder: Schwierig – auch bei wirklich guten Freunden. Denn: Für die einen fängt der Tag zwischen sechs und sieben Uhr morgens an, für die anderen etwa fünf Stunden später. Die einen halten Babygeschrei in der Nacht für eine Unvermeidlichkeit, die anderen für bösartige Ruhestörung. Die einen legen ihr Kind zum Mittagsschlaf hin, wenn die anderen gerade ihre Frühstücksteller beiseiteschieben. So geht das den ganzen Tag weiter. Nur zu empfehlen, wenn man in zwei verschiedenen Wohnungen oder Häusern oder Wohnmobilen oder was auch immer wohnt und kein Problem damit hat, tagsüber häufig getrennte Wege zu gehen. Und die Freunde wirklich sehr kinderlieb sind. Und wissen, worauf sie sich einlassen. Und tolerant sind. Und… Äh, wollen Sie das wirklich wagen?

■ BRAUCHEN BABYS SPIELKAMERADEN?

Ältere Kinder finden ihre Eltern ja gerne mal sterbenslangweilig. Bei Babys ist das zum Glück noch nicht so. Babys finden ihre Eltern brüllend komisch und vor allem: völlig ausreichend. Erst mit etwa zwei Jahren können Kinder wirklich miteinander spielen. Allerdings: Auch davor (und zwar schon mit wenigen Monaten) sind Babys sehr interessiert an gleichaltrigen und älteren Kindern. Auch wenn sie selbst also noch nicht zwingend Spielkameraden brauchen – ihre Eltern können andere Kinder manchmal ganz schön entlasten. Weil sie dann nicht mehr selbst als prustendes, Grimassen schneidendes Spielzeug herhalten müssen.

No Problem

Irgendwie hält sich Syrien nicht an unsere Pläne. Am Anfang hat uns das noch gestört – als wir in Damaskus ankamen und die Autovermietung zum verabredeten Zeitpunkt geschlossen hatte zum Beispiel. Ist ja Freitag, sagte man uns am Telefon, da sind alle in der Moschee. Oder als sich die Wohnung, die wir von Deutschland aus gemietet hatten, als Schmutzloch herausstellte: die Abfalleimer gefüllt mit Müll, die Luft starr vor Männerschweiß, der Boden übersät mit Fußstapfen, Krümeln und Flecken und die Betten mit Sicherheit voller Flöhe.

Im zweiten Anlauf haben wir es auf die syrische Art gemacht: Wir fuhren in die Altstadt und kauften uns beim Bäcker ofenwarme Croissants, gefüllt mit Käse oder Schokolade. Damit setzten wir uns vor der Moschee auf eine Bank und hielten unsere Gesichter in die Sonne. Dann gingen wir zehn Schritte weiter zum Teppichhändler Samir und tranken mit ihm eine Tasse Tee. Fünf Minuten später hatte er für uns eine Wohnung aufgetan. Zentraler als die erste, mitten in der Altstadt nämlich, direkt an der Außenwand der Umayyad-Moschee, billiger und auf jeden Fall sauberer.

Dieses Mal kann uns Samir jedoch nicht helfen. Wir stehen am Bahnhof vorm Ticketschalter und irgendwie läuft schon wieder alles ganz anders, als wir das geplant hatten. Zweimal waren wir schon hier und hatten nach Tickets für den Zug von Damaskus nach Teheran gefragt. »No problem«, sagte die Frau am Schalter beide Male. Man könne die Tickets zwar nicht bei ihr kaufen, sondern erst in genau dem Zug aus Teheran, mit dem wir dann auch zurückfahren würden. Also erst zwei bis drei Tage vor Abfahrt – je nachdem, mit wie viel Verspätung der Zug in Damaskus einfährt. Zwei Tage vor Abfahrt stehen wir wieder hier und mit einem Mal sagt sie: »Little problem.« Es gebe leider keine Schlafabteile mehr, nur noch Sitzplätze. Der Zug fährt aber nun einmal drei Tage und zwei Nächte, ohne Verspätung, und daher haben wir plötzlich »big problem«.

Der alte Plan funktioniert nicht; wir brauchen einen neuen, also setzen wir uns ins Café und trinken einen Krisenkaffee. Wir könnten auf der Seidenstraße bleiben und nach Teheran fliegen. Allerdings hat der Flug unmenschliche Zeiten: Abflug ein Uhr nachts, Ankunft fünf Uhr morgens in Teheran. Kann man einem Baby schwer zumuten, finde ich. Wir könnten auch... Nach Venedig fliegen, rufe ich. Schließlich haben viele der Seidenhändler ja auch von Istanbul dorthin übergesetzt. Oder nach Israel, sagt mein Mann. Liegt ja gleich nebenan. Ägypten, Griechenland, zurück nach Hamburg. Stadt-Land-Fluss für Elternzeit-Reisende.

Am Ende entscheiden wir uns, stur zu bleiben. Teheran. Wir wollen weiter, auf unserer Route. Wenn die Seidenhändler jahrhundertelang Wüsten und Gebirge überquert haben, dann können wir uns doch nicht von unbequemen Flugzeiten abschrecken lassen. Außerdem: Wenn wir seit fast einem Jahr unsere Nachtruhe mit Nepomuk teilen, dann schaffen wir diesen einen vergurkten Schlaf ja wohl mit links. Dachten wir.

UNSERE REISE

Silke (35) nahm mit Julian (35) und den beiden Söhnen Silas (5) und Rio (1) die Fähre von Lübeck nach Riga. Die Familie fuhr drei Wochen im eigenen Auto durch Lettland und Litauen und kehrte schließlich mit der Fähre von Klaipeda zurück nach Kiel.

DAS WAR SCHWIERIG: In den ersten Tagen in Riga hatte unser älterer Sohn große Anlaufschwierigkeiten. Ständig hat er einen Streit mit uns losgetreten. Es war ziemlich anstrengend, irgendwann dachte ich: Okay, dann bleiben wir halt in den nächsten Ferien zu Hause. Nach ein paar Tagen in der Stadt sind wir in einen Nationalpark gefahren. Da war alles ruhiger, von da an war auch Silas endlich angekommen und fand die Reise super: Jeden Tag gab es was Neues.

DAS HAT MICH BEEINDRUCKT: Silas sollte selbst seinen Spielzeugrucksack packen. Erst auf der Fähre haben wir gemerkt: Er hatte gerade mal ein Buch und eine Handvoll Legos eingepackt. Oje, dachten wir erst, aber auf der Reise spielte Silas dann einfach mit dem, was er finden konnte: Mit Holzstücken aus einem Kamin zum Beispiel – stundenlang. Oder er erfand Geschichten. Das war eine tolle Erfahrung: Dass man viel von dem Zeug, was man zu Hause hat, eigentlich gar nicht braucht.

DAS HABE ICH GELERNT: In Litauen und Lettland konnte sich oft nur Julian verständigen, auf Russisch. Das hat mir gut gefallen: Ihn mal machen zu lassen. Zu Hause bin ich sonst eher die, die alles unter Kontrolle haben will.

DAS HAT UNS DIE REISE GEBRACHT: Julian hat bei beiden Kindern auch Elternzeit genommen, die wir gemeinsam in Hamburg verbracht haben. Aber das ist was anderes als eine Reise; zu Hause bleibt man in seinem Film. Auf der Reise hatten wir zum ersten Mal richtig viel Zeit zu viert. Daraus hat sich eine ganz eigene Familiendynamik entwickelt. Es sind Dinge entstanden, für die wir im normalen Alltag nicht die Ruhe, vielleicht auch nicht die Achtsamkeit gehabt hätten. Was ich besonders schön fand: Mit einem Mal fing Silas an, uns aus dem einen Buch, das wir dabei hatten, vorzulesen. Er konnte es ja mittlerweile auswendig. Hätte er sich diesen Raum zu Hause genommen? Ich bin mir nicht sicher.

Reisen statt PEKiP – Was Babys unterwegs lernen

WIE MACHT EINE REISE KINDER STARK?
Reisen kann Babys richtig guttun, sagt Gabriele Haug-Schnabel. Die studierte Biologin und Ethnologin ist Inhaberin und Leiterin der Forschungsgruppe »Verhaltensbiologie des Menschen« (www.verhaltensbiologie.com), Autorin von Rundfunksendungen und Fachbüchern zum kindlichen Verhalten sowie Beraterin für Erzieher, Kinderärzte und -therapeuten und für Eltern. Gabriele Haug-Schnabel ist selbst Mutter von zwei Kindern.

FRAU HAUG-SCHNABEL, WIE STRESSIG IST EINE REISE FÜR BABYS?
Das kommt auf den Ort an; zum Beispiel darauf, auf welches Klima sich das Baby umstellen muss. Vor allem aber kommt es auf die Eltern an. Darauf, wie sehr sie Rücksicht nehmen auf ihr Kind, das in diesem Alter ja völlig von ihnen abhängig ist. Meine Erfahrung ist: Eltern, die mit ihrem Baby eine größere Reise planen, sind fast immer sehr überzeugt. Die wollen ganz bewusst als Familie verreisen. Sie wissen sehr genau, dass sie nicht mehr das lockere Zweierpärchen sind, und haben ihr Kind mit seinen Bedürfnissen immer im Blick. Unter diesen Umständen wird eine Reise für das Baby nicht stressig. Im Gegenteil, sie hat sogar immense Vorteile.

ES HAT SOGAR VORTEILE, MIT BABY INS AUSLAND ZU GEHEN?
Mit absoluter Sicherheit. Schon für Babys ist das eine Bereicherung. Zum einen wegen des Faktors Zeit: Auf einer Reise ist die Familie ja nicht durch Beruf oder andere Verpflichtungen voneinander getrennt, wie es zu Hause der Normalfall ist. Das Baby hat also beide Eltern um sich. Das sind optimale Voraussetzungen für die Eltern-Kind-Beziehung. Das ist der eine große Vorteil. Aber auch die fremde Umgebung an sich kann für Babys eine Bereicherung sein. Immer vorausgesetzt, die Eltern unterstützen es gut dabei, diese Fremde zu

erkunden. Dann lernen Kinder: Wenn sich die Welt um mich herum verändert, ist das nichts Schlimmes. Die wesentlichen Dinge bleiben gleich; die Nähe zu den Eltern etwa. Kinder, die früh auf Reisen waren, sind daran gewöhnt. Ein Ortswechsel wirft sie später nicht mehr so leicht aus der Bahn. Sie sind offener für neue Erfahrungen, von der Nahrung bis zu anderen Erlebnissen. Reisen macht weltoffener. Das gilt schon sehr früh.

AB WELCHEM ALTER PROFITIEREN KINDER VON EINER AUSLANDSREISE?
Schon ganz früh. In den ersten Monaten bekommt ein Baby die fremde Umgebung zum Beispiel über die Muttermilch gut mit. Wenn eine Mutter im Ausland ganz andere Gerichte isst als zu Hause, schmeckt auch ihre Milch anders. Das merken die kleinsten Säuglinge sofort. Ich habe das selbst bei meinen Kindern beobachtet: Wie sie nach einigen Schlucken innehalten, nachschmecken. Das ist eine spannende Erfahrung. Wenn ein Baby dann auf seinen ersten Geburtstag zugeht, erwacht in ihm ein Rieseninteresse an der Welt. Wissen Sie: Kinder sind von Anfang an auf einer lustvollen Suche nach Erfahrungsbeute, aber die Erfahrungsschatzkiste wird nur dann gefüllt, wenn das Kind angeregt und unterstützt, also liebevoll begleitet wird.

WIE UNTERSTÜTZE ICH ALS MUTTER DENN AUF EINER REISE MEIN KIND DABEI, SEINE ERFAHRUNGEN IN EINER FREMDEN UMGEBUNG ZU MACHEN?
Hmm, da gibt es einiges, was dem Kind hilft: Stillen gleicht zum Beispiel unwahrscheinlich viel aus; das ist ein absoluter Schutz bei Auslandsreisen und wirklich sehr zu empfehlen. Dann: Tragen Sie Ihr Kind. Kinder, die am Körper ihrer Eltern getragen werden und von dort aus die Welt anschauen, sind sehr viel offener für neue Dinge. Außerdem: Lassen Sie dem Kind seinen Rhythmus, also die vertrauten Zeiten zum Essen, Spielen, Schlafen. Je mehr Sie am Anfang den Rhythmus Ihres Kindes beachten, umso eher passt es sich an den der

Erwachsenen an. Und am allerwichtigsten ist: Gehen Sie die Reise mit Ruhe an. Häufige Ortswechsel stressen Babys fast weniger als die Eltern; deren Unruhe überträgt sich dann aber. Die ganze Familie braucht die Möglichkeit zum Rückzug; egal ob das ein eigenes Haus oder eine Wohnung oder das Wohnmobil ist.

UND WENN ES IRGENDWANN DOCH MAL STRESSIG WIRD, DAS REISEN?
Dann seien Sie da. Bleiben Sie immer ansprechbar für Ihr Kind. Und zur Beruhigung: Ein bisschen Stress schadet Kindern nicht. Man kann ihnen hin und wieder auch mal etwas zumuten.

Nachtflug und Nescafé

Zu meiner Ehrenrettung muss ich sagen: Der Nachtflug von Damaskus nach Teheran war wirklich mies.

Nepomuk schläft recht fein auf meinem Schoß. Mein Mann neben mir ein kleines bisschen. Ich gar nicht. Einem Baby scheint man so einen Nachtflug doch zumuten zu können. Einer jungen Mutter nicht. Als wir in Teheran aus dem Flieger steigen, sind meine Augen schwer und müde; mein Herz wummert aufgeregt. Nun sind wir im Iran. Der Iran, hat Ex-Präsident Bush der Welt erklärt, ist nicht mehr bloß ein Schurkenstaat sondern schlicht: böse. Evil. Und da Bush ja in Syrien mit dem Begriff »Schurkenstaat« schon gar nicht so sehr danebengelegen hat, bekomme ich es richtiggehend mit der Angst zu tun, als wir nun in ein iranisches Taxi steigen.

Wir fahren zum Bahnhof, um den ersten Zug nach Isfahan zu kriegen. Teheran selbst, wurden wir gewarnt, ist ein Moloch mit endlosen Staus und Smog, voll und eng. Es gibt nur einen Zug am Tag zwischen Teheran und Isfahan, sagt man uns am Bahnhof, und der ist heute ausgebucht. Es folgt eine Bösartigkeit nach der anderen: ein sehr wässriger und dafür sehr zuckriger Nescafé am Bahnhof. Dann zwei Stunden, die wir in einem Hotel um die Ecke in der Lobby herumlungern, auf klebrigen Plastiksitzen. Das Zimmer, das irgendwann für uns fertig ist, kann man eigentlich auch schon als Bösartigkeit bezeichnen, und als wir endlich alle im Bett liegen, da fängt etwas an, aus der Bettdecke über meinen Arm zu krabbeln.

Mit einem Ruck ziehe ich die Notbremse. Ich weine. Nein, ich flenne richtiggehend und ich erkläre meinem Mann, dass es mir reicht mit dem Reisen. Dass ich Heimweh habe nach unserer Wohnung und unserer Stadt, nach den Baby-Bio-Breien in unseren Supermarktregalen und nach echten Pampers. Ach ja, und nach meinem Bett natürlich. Auf der Stelle gehe ich ins nächste Reisebüro, erkläre ich meinem Mann, noch heute werde ich in den nächsten Flieger steigen, der auch nur ansatzweise in unsere heimatliche Himmelsrichtung startet.

Gut, sagt mein Mann. Wir gehen ins Reisebüro. Wir fliegen nach Hause. Aber lass uns vorher bitte noch ein Stündchen schlafen.

Das tun wir. Ich versuche es jedenfalls einigermaßen. Eingewickelt in unsere Handtücher, mit meinem Kopftuch als Kissen.

Auf dem Weg zum Reisebüro kommen wir an einem Café vorbei. Ein überdachter Innenhof, lauter kleine Emporen, mit Teppichen ausgelegt. Nepomuk fängt mit seinem üblichen Programm an: Leute angrinsen und vor Freude juchzen, wenn sie zurücklachen. Die Arme ausstrecken, von Kellnern und Gästen rumgetragen und abgeknuddelt werden, sich dabei biegen vor Gekicher und Gegluckse, in Handykameras lächeln, Geschenke bekommen. Dieses Mal kommen neben Leckereien noch zwei Puzzles und ein Spielkarton dabei rum. Das Übliche eben.

Doch irgendwann artet es sogar für Seidenstraßen-Verhältnisse aus.

Da unser Persisch an diesem ersten Tag in Teheran doch noch sehr beschränkt ist, holen die Kellner einen Gast dazu: unser Alter, enges Shirt, verwaschene Jeans, viel Gel im Haar, gutes Eng-

lisch. Er bestellt für uns Tee, frisches Sauerteigbrot und Omelett. Er fragt, wie er uns noch helfen könne. Ein Reisebüro? Hier in der Nähe? Aufgeregt läuft er durch das Restaurant, befragt andere Gäste, telefoniert, schließlich hat er eins aufgetan. Er schreibt uns die Adresse auf: in Englisch für uns, in Farsi für den Taxifahrer. Er gibt uns seine Handynummer, falls wir irgendein Problem hier in Teheran haben sollten, und er lässt sich unsere Nummer geben, damit er uns anrufen und fragen kann, ob alles geklappt hat. Dann kommt er mit uns auf die Straße und winkt ein Taxi herbei.

Auf der Fahrt zum Reisebüro werden wir immer verwirrter. Selbst der Taxifahrer ist nett. Das habe ich selten erlebt, nicht in Syrien, nicht in der Türkei, erst recht nicht in Deutschland. Der Fahrer von »Taxi Teheran« will nicht mehr als den regulären Fahrpreis, und am Reisebüro klingelt er sogar extra für uns und fragt, ob wir hier auch wirklich bei der richtigen Adresse seien.

Das sind wir. Genau richtig. Wir bekommen süßen Kaffee und kleine Schokoladentörtchen und dabei erzählt uns der Chef des Reisebüros von den Jahren, die er in den USA gelebt hat. Ganz freundliche Menschen seien das gewesen. Aber irgendwann sei ihm das Land einfach zu gefährlich geworden. Alleine New York: überall Einbrüche und Schlägereien, Schießereien manchmal; er habe da irgendwann gar nicht mehr hinfahren wollen. Jetzt ist er zurück in Teheran und beantwortet die E-Mails westlicher Touristen, hin und wieder sind auch Amerikaner darunter, die fragen: Ist das eigentlich sicher, eine Reise in den Iran?

Er schüttelt sich vor Lachen und dann will er das tun, was alle um uns herum schon seit Stunden tun wollen: helfen. Was kann ich für Sie tun? Mein Mann fragt nach Deutschland-Flügen; ich unterbreche ihn beinahe ruppig. Ob er nicht vorher noch kurz, nur für meine Neugierde, die Busverbindungen nach Isfahan raussuchen könnte? Plötzlich ist alles leicht: Die Busse fahren jede Stunde und kosten sieben Euro. Für die Nacht bucht er uns in ein Fünfsterne-Hotel um. Den Reisebüro-Rabatt schenkt er uns, und weil wir das Geld nicht passend haben, rundet er den Betrag noch mal nach unten ab. Er erzählt uns, was wir alles im Iran anschauen könnten: die antike Stadt Persepolis und die berüchtigte Burg Alamut der Assassinen-Sekte. Wüsten und Berge, Moscheen, Kirchen, Synagogen. Einen Moment überlegen wir, unseren Rückflug tatsächlich zu verschieben: nach hinten.

Eine Stunde später liegen Nepomuk und ich unter einer frisch gewaschenen und gebügelten Baumwolldecke. Nepomuk schnarcht schon, ich schaue mit halb geöffneten Augen durch das Fenster auf Teheran. Hochhäuser, wuselige Bürgersteige, gelbe Taxen; ein bisschen sieht es aus wie New York. Nur dass es sicherer ist und im Hintergrund schneebedeckte Berge liegen.

Das Telefon klingelt. Der Reisebüro-Chef. Er wolle nur fragen, ob alles geklappt hat und ob es uns gut gehe. Alles ganz hervorragend, sage ich. Zur gleichen Zeit sitzt mein Mann im Taxi und bringt unser Gepäck aus der Bahnhofskaschemme ins Luxushotel; da klingelt sein Handy. Der Gast aus dem Restaurant vom Morgen. Er wolle nur fragen, ob alles geklappt hat und ob es uns gut gehe. Alles ganz hervorragend, sagt mein Mann.

Abends, auf der Rückfahrt vom Essen zum Hotel, haben wir schon wieder einen netten Taxifahrer. So einen Schnitt hatte ich bislang in keinem Land. »Iran good?«, fragt er und lächelt uns an. Mein Mann und ich strahlen zurück. Nepomuk strahlt eh schon die ganze Zeit; er hat beim Essen mal wieder sein übliches Getragen-und-gefüttert-und-fotografiert-Werden-Programm bekommen. »Very good«, antworten wir, »very, very friendly people!«

UNSERE REISE

Martina (43) und Rainer (44) fuhren mit Sohn Arved (9 Monate) zwei Monate im Wohnmobil durch Neuseeland.

DAS WAR SCHÖNER ALS ZU HAUSE: Das Leben draußen, in der Natur, gefiel Arved besonders gut. Am Meer hat er sich von uns die Füße durchs Wasser ziehen lassen. Beim Wandern in den Wäldern hat er ganz aufmerksam den Geräuschen der Blätter und den Stimmen der Vögel gelauscht. Wir haben die gemeinsame Zeit in einer traumhaften Landschaft und einer relativ entspannten Urlaubsatmosphäre sehr genossen. Das intensive Erleben zu dritt war wahrscheinlich das Schönste für das Kind. Ich glaube, Vater und Sohn haben so eine noch stärkere Bindung aufgebaut.

DAS WAR ANDERS ALS ERWARTET: Arved hat sehr viel Aufmerksamkeit für sich in Anspruch genommen. Als Familie war das schön; wir hatten viel Zeit zu dritt. Zeit zu zweit hatten wir kaum. Oder zum Lesen. Wir haben höchstens abends mal den Reiseführer durchgeblättert, um die nächsten Tage zu planen. Ich glaube: Je kleiner das Kind ist, umso mehr hat man selbst vom Urlaub. Mit einem vier, fünf Monate alten Baby zu verreisen ist wahrscheinlich ideal.

DAS HAT GENERVT: Kinder werfen jede Planung über den Haufen. Wir haben häufig erst mittags den Campingplatz verlassen, viel zu spät. Man muss sich erst einmal darauf einstellen, dass Urlaube nicht mehr so sind, wie sie ohne Kind waren. Man sollte sich nicht zu viel vornehmen und möglichst wenige Kilometer fahren. Nicht mehr als ein Drittel von dem, was man ohne Kind machen würde. Weniger ist mehr.

MEIN RAT: Arved ist ein kritischer Esser. Daher haben wir das gesamte Milchpulver von zu Hause mitgenommen. Für den Zwischenstopp in den USA und die Anfangszeit in Neuseeland hatten wir außerdem Gläschen dabei. Dann muss man sich nicht gleich in der Fremde auf die Suche machen. Aber: Man muss unbedingt vorher mit den Ländern abklären, ob man die einführen darf. Für Neuseeland hatten wir uns eine Erlaubnis geholt. Für den kurzen USA-Aufenthalt hatten wir dies leider vergessen.

Reisen aus Sicht der Eltern

■ **WAS MACHE ICH, WENN DIE REISE NICHT NACH PLAN LÄUFT?**

Eine Reiserücktrittsversicherung gibt es schon für drei Prozent der Reisekosten; sie zahlt die Kosten, wenn eine Reise aus schwerwiegenden Gründen wie einer Krankheit oder Arbeitslosigkeit gar nicht erst angefangen oder aber zwischendurch abgebrochen wird. Eine Reiserücktrittsversicherung ist aber vor allem im Kopf der Eltern wichtig, sagt Fabienne Becker-Stoll, Leiterin des Staatsinstituts für Frühpädagogik in München: »Reisen Sie mit der Einstellung: Wenn es nicht klappt, dann klappt es eben nicht. Wer mit einem Kind unterwegs ist, darf auf keinen Fall in eine Augen-zu-und-durch-Mentalität kommen. Das Kind muss immer im Mittelpunkt stehen. Wenn zwischendurch Probleme auftauchen, muss man sich die eingestehen können und im Zweifelsfall auch entscheiden: Wir brechen hier ab und fahren wieder heim. Bleiben Sie flexibel. Am Ende geht es doch darum, dass es auf der Reise der ganzen Familie gut geht.«

WIE VIELE REISEABENTEUER VERTRAGEN JUNGE MÜTTER?
In den letzten zehn Jahren hat die Hebamme Susanne Toth von der Hebammenpraxis »Schanzenhebammen« Hunderte Mütter betreut – vor, während und nach der Geburt. Ihr Rat: Bei der Reiseplanung sollte man nicht alleine daran denken, welche Belastungen das Baby verträgt, sondern sich auch fragen: Wo sind die Grenzen bei der Mutter?

WIE FIT SIND MÜTTER IN DEN ERSTEN MONATEN NACH DER GEBURT?
Der Körper braucht mindestens ein Jahr, um ansatzweise dahin zu kommen, wo er vorher war. Besonders Rücken und Beckenboden werden stark belastet: während der Schwangerschaft und der Geburt, aber auch später, in der Stillzeit. Die Frauen tragen viel, schlafen nachts beim Stillen in einer unbequemen Haltung ein; das geht alles auf den Rücken. Außerdem macht das Stillen die Bänder und Gelenke weich, manche Frauen leiden daher richtig unter Gliederschmerzen. Das größte Problem aber ist: Die meisten Mütter merken erst einmal gar nicht, was mit ihrem Körper los ist. Die machen weiter und weiter, auch wenn alle anderen längst in den Seilen hängen; sie stellen sich selbst an die letzte Stelle. Typisch Mutter, diese Überschätzung der eigenen Kraft. Erst unter starker Belastung nehmen sie plötzlich wahr: Moment, da ist irgendwas anders als vorher. Oder wenn sie anfangen, sich selbst wieder zu spüren, wenn sie im Rückbildungskurs oder auch beim Wellness-Nachmittag etwas mit ihrem Körper machen, das nichts mit dem Kind zu tun hat.

UND WIE BELASTBAR SIND MÜTTER EMOTIONAL?

In den ersten Monaten sind fast alle komplett auf ihr Kind fixiert. Erst wenn sich das Kind aufmacht, mal allein die Welt zu erforschen, meist also ab dem Krabbelalter, sind auch die Mütter bereit, sich für eine Zeit gedanklich vom Kind abzuwenden. Durch diese Kindbezogenheit lässt die Konzentration bei Müttern sehr nach und sie fühlen sich deutlich schneller gestresst von den Dingen, die draußen passieren. Wenn zum Beispiel ein Zug Verspätung hat, hätten sie das vorher mit einem Achselzucken abgetan. Jetzt ist so etwas furchtbar stressig.

AB WANN SIND MÜTTER DENN DANN ÜBERHAUPT BEREIT FÜR EINEN FAMILIENURLAUB?

Das ist wirklich schwer, da alle Mütter über einen Kamm zu scheren. Ich würde sagen: in den ersten acht Wochen auf gar keinen Fall. In dieser Zeit geht es darum, sich als Familie zu finden. Die Rolle als Mutter, das Baby, seine Pflege, das Stillen – das ist eh schon alles so neu, dass man es besser in seinem gewohnten Umfeld tun sollte. Wenn da auch noch eine neue Umgebung dazukommen würde, das wäre zu viel. Ab da kommt es sehr darauf an: auf das Ziel und die Art der Reise, auf das Kind, auf die Bedürfnisse des Paares.

WELCHE REISEART WÜRDE JUNGEN ELTERN DENN GUTTUN?

Ich würde eher abraten von Reisen, wo sehr viel Input von außen kommt. Also von Städtereisen zum Beispiel. Was vielen Eltern auch schon im ersten halben Jahr dagegen guttut: Reisen, die viel Zeit als Paar zulassen. Vielleicht auch Reisen an einen Ort, an dem sie früher schon einmal waren, der ihnen also nicht komplett fremd ist. Sie müssen wissen: In den ersten Monaten mit einem Kind gibt es viele Situationen, die eh schon furchtbar stressig sind. Zum ersten Mal ein fiebriges Kind haben zum Beispiel ist für die meisten Eltern fürchterlich erschreckend. Wenn man da noch in einer Umgebung ist, in der man sich überhaupt nicht auskennt – das kann enorm stressen.

IST EINE REISE WÄHREND DER ELTERNZEIT NICHT ABER GERADE FÜR MÜTTER EINE GROSSE ENTLASTUNG, WEIL SIE NICHT MEHR ALLEINE SIND MIT DEM KIND?
Das kommt darauf an, wie reiseerfahren die beiden sind. Ich bin der Meinung: Ein Kind, das neu in das Leben eines Paares kommt, stellt eh schon viel auf den Kopf. Und dann kommt dazu noch der Gedanke: »Jetzt darf ich nicht mal mehr reisen. Oder all die anderen Dinge tun, die uns früher gutgetan haben.« Das kann einem sehr große Angst einjagen. Wenn also die Eltern gerne reisen, dann sollten sie das auch tun. Andererseits: Wer sich zu Hause wohlfühlt, der sollte auf keinen Fall denken, er müsse jetzt verreisen, nur weil er so viel Zeit hat. Gerade Männer denken das oft. Das ist Unsinn. Man kann es sich auch zu Hause nett machen.

EGAL, OB IM AUSLAND ODER ZU HAUSE: WIE KÖNNEN MÄNNER IHREN FRAUEN HELFEN, WIEDER ETWAS KRAFT ZU TANKEN?
Indem sie ihnen das Kind abnehmen. Davon profitieren die Väter selbst, weil sie eine eigene Bindung zum Kind aufnehmen. Die Mütter wiederum brauchen irgendwann dringend Zeit, in der sie etwas für sich machen können. In der sie die Gelegenheit bekommen, bei sich zu sein und nicht nur beim Kind. Sie müssen sich selbst wieder spüren können.

■ **WIE WIRD DIE REISE SCHÖNER ALS DER ALLTAG ZU HAUSE?**
Auf einer Reise mit Kindern geht der Alltag weiter, darin sind sich alle Eltern einig. Unter erschwerten Bedingungen, sagen die einen. Unter schöneren Bedingungen, sagen andere. Damit möglichst Letzteres bei der eigenen Reise der Fall ist, macht es Sinn, sich vor der Reiseplanung einmal selbst ins Kreuzverhör zu nehmen: Was macht meinen Alltag zu Hause leicht – der Babysitter, die Auswahl

an Bio-Breien, der Babymassage-Kurs? Was macht ihn schwerer – die Einsamkeit alleine mit Baby zu Hause, das schlechte Wetter, die genervten Blicke der Nachbarn? Ziel bei der Reiseplanung ist, möglichst viele Alltagserleichterungen in die Reise zu integrieren, wie Besuch von den Großeltern, Urlaub auf einem Bio-Bauernhof oder eine Flasche Massage-Öl für unterwegs. Gleichzeitig aber auch möglichst viele Alltagserschwerer zu umgehen – durch gemeinsame Elternzeit in einem sonnigen, kinderfreundlichen Land zum Beispiel. Wer eh schon zu Hause unter Schlafmangel leidet, sollte also im Urlaub nicht ausgerechnet Nachtfahrten oder Nachtflüge einplanen.

■ WIE STARK FÄRBT DIE STIMMUNG DER ELTERN AUFS KIND AB?

Stark. Und mit zunehmendem Alter des Babys immer stärker. Gerade gegen Ende des ersten Lebensjahres entdecken Kinder auch ihre dunkleren Gefühle: Angst etwa (zum Beispiel beim Fremdeln) oder Wut (wenn ihnen jemand ihre Sandkastenschaufel klaut). Da die immer größer werdende Gefühlspalette sie aber manchmal gehörig verunsichert, suchen Kinder gerade in dieser Phase verstärkt im Gesicht der Eltern nach deren Gefühlslage. So erkennen sie auch auf der Reise im Nu: Dieses merkwürdige Flugzeug hier scheint nichts Schlimmes zu sein, sondern sogar was richtig Tolles; Mutter und Vater sind jedenfalls vor Vorfreude ganz aus dem Häuschen.

Schlüsselerlebnisse

Am nächsten Morgen stehen wir am Busbahnhof von Teheran. Unser Ziel: Isfahan. Dort haben wir auf persische Art eine Wohnung gemietet, also über den Cousin einer Freundin von der Übersetzerin, mit der ein Freund von uns regelmäßig zusammenarbeitet.

Etwa sechs Stunden soll die Fahrt dorthin dauern, geradewegs durch die Wüste. Jede halbe Stunde fährt ein Bus, die Tickets bekommt man am Schalter, hatte am Tag zuvor der Chef des Reisebüros versprochen. Nun stehen wir hier und grübeln: An welchem Schalter? Per Zufallsprinzip fragen wir den letzten Mann in der Schlange, die uns am wahrscheinlichsten vorkommt. Es ist ein Glückstreffer. Der Mann, ein Hautarzt in unserem Alter, spricht Englisch und fährt auch nach Isfahan. Er sagt uns, das hier sei genau die richtige Schlange. Dann sagt er noch viel mehr: dass er einen Sohn habe, der ungefähr in Nepomuks Alter sei, dass wir unbedingt zum Abendessen kommen sollen, wenn wir in Isfahan sind, und dass er sehr froh sei, uns getroffen zu haben.

Nepomuk öffnet uns die Türen zu Esszimmern, Wohnzimmern, in die Küchen; die ganze Reise über geht das so. In Syrien, am Krak des Chevaliers, spielte der Hotelier unserem Sohn im Wohnzimmer auf der Laute vor, damit mein Mann und ich in Ruhe im Restaurant des Hotels zu Abend essen konnten. In Damaskus erschlich er sich – und damit auch uns – Zugang zu den Nachbarn. Nachdem er eine Weile mit deren älteren Kindern im Gang vor unseren Haustüren gespielt hatte, nahmen die ihn einfach mit. Auf meinen besorgten Blick hin winkten sie mir zu, ihnen zu folgen. Eine Minute später saß ich im Wohnzimmer der Nachbarn, in einem breiten Plüschsessel. Auf dem Perserteppich am Boden spielten die Kinder; ich versuchte, mich mit ihrer Mutter und Großmutter zu unterhalten. Das war schwierig, weil sie kein Englisch konnten und ich kein Arabisch, vor allem aber wegen der Hausanzüge aus Flanell, die beide trugen. Der Anzug der Großmutter war in 70er-Jahre-Lilatönen gehalten, ihre Tochter trug Tigermuster und vorne auf der Brust einen großen Tigerkopf. Ich konnte den Blick einfach nicht von ihren Brüsten abwenden. Vorbei war der Spaß erst, als mein Mann klingelte und fragte, wo eigentlich seine Familie sei. Da flogen Kopftücher über die Haare und Umhänge über die Hausanzüge, die Gesichter verschlossen sich und wir tranken schweigend unseren Tee aus.

In Isfahan treffen wir den Hautarzt aus der Schalterschlange. Er bringt uns Geschenke mit: ein Gemälde vom Letzten Abendmahl und zwei Statuen, die entfernt griechisch aussehen. Später, als wir zurück in Deutschland sind, schreibt er uns eine E-Mail: Dass er sich sehr freuen würde, uns eines Tages wiederzusehen. Spätestens auf Nepomuks Hochzeit.

Wir verabreden uns mit Fattaneh, der Kusine eines Kollegen. Fattaneh führt uns erst in das schickste Hotel der Stadt, ins Abbasi, eine ehemalige Karawanserei. Dann lädt sie uns für den nächsten Tag zu sich nach Hause ein. In ihrem Haus gibt es zwei Wohnungen: eine für die Familie und eine eigene Wohnung für Gäste.

Das Wohnzimmer in der Gästewohnung sieht aus wie ein Ikea-Nachbau von Versailles. Stühle und Sofas mit geschwungenen, goldlackierten Füßen; davor Glastische, die von goldenen Löwen gestützt werden. Ein Kronleuchter hängt an der Decke, an der einen Wand ein Ölgemälde der Alpen, gegenüber ein Flachbildschirm.

Fattanehs Mann trägt Nepomuk durch das Versailler Wohnzimmer und füttert ihn mit persischem Safranreis, ihr Sohn macht Quatsch mit ihm, wir unterhalten uns mit Fattaneh und ihrer Tochter. Ihre eigene Ehe wurde von ihren Eltern arrangiert, erzählt sie, gerade sucht sie nach einem Mann für ihre Tochter. Die Tochter trägt viel Schminke und ein enges Shirt, sie studiert BWL und findet es toll, dass ihre Mutter ihr einen Mann aussucht. Dann passt er zu ihr, zu ihrer Familie, dann hält die Ehe auch, hofft sie; selbst im Iran steigt die Zahl der Scheidungen. Fattanehs Sohn besteht darauf, uns mit nach Hause zu bringen. Er sitzt die ganze Fahrt bei Nepomuk auf der Rückbank und ahmt schlimmste Niesanfälle nach. Was Menschen nicht alles dafür tun, ein Baby lachen zu sehen.

Der Bäcker um die Ecke von unserer Isfahaner Wohnung, der süße, butterweiche, sonnengelbe Hefezöpfe mit Safran für unser Frühstück backt, singt und tanzt, nur, damit Nepomuk ihm in die Handykamera lacht. Auf der Straße gibt es Frauen, die kreischen, wenn sie ihn sehen, und wild mit den Armen rudern, damit er ihnen einen Blick schenkt.

Am letzten Tag in Isfahan, vor dem Palast der 40 Säulen, laufen zwei kleine, blonde Kinder übers Gras. Aufgeregt stupse ich meinen Mann an – selbst für uns sind blonde Kinder langsam eine Attraktion. »Bonjour«, rufen deren Eltern plötzlich von der Seite und winken aufgeregt. Es ist die französische Familie aus dem Hotel in Aleppo. Wir lachen und erzählen und der Mann fragt uns:

»Hat euer Kind auch bald Hornhaut auf den Backen, weil ihm die Menschen so oft darüberstreicheln?«

Als wir wieder in Teheran sind, im Hotel, entschuldigt sich der Portier für den Aufruhr, den unser Sohn bei ihm selbst, den Empfangsdamen und unten in der Küche erregt. Er habe einfach noch nie in seinem Leben ein blondes Baby mit blauen Augen gesehen, erklärt er. Die kenne er nur aus dem Fernsehen.

Nepomuk lächelt uns alle in fremde Wohnzimmer hinein; er bringt uns aber auch an Orte, die wir sonst nicht einmal wahrgenommen hätten. Hotelküchen zum Beispiel. Wegen dieser ganzen Brei-Aufwärm- und Flaschen-Abkoch-Arie halt. Da steht man dann minutenlang, schaut den Köchen und Kellnern beim Arbeiten zu, unterhält sich und lernt noch einmal neue Dinge über das Land. Dort unten, in der Küche im Keller des Hotels, wird schließlich doch auch wenigstens ein Iran-Klischee bestätigt. Ahmadinedschad sei ein sehr friedlicher Mann, erklärt mir der Kellner. Wirklich, er werde nur leider ständig falsch zitiert von den Journalisten im Westen. Eigentlich rede er selbst immer nur von Liebe und Frieden. Ich schaue ihn beinahe erleichtert an – wenigstens einer, der sich an meine Erwartungen hält.

Er drückt mir das Gläschen Brei in die Hand und streichelt Nepomuk über die Backen.

UNSERE REISE

Julia (29), Antoine (30) und ihre beiden Söhne Arthur (4 Jahre) und Balthazar (17 Monate) haben wir erst in Aleppo (Syrien) und später wieder in Isfahan (Iran) getroffen. Die französische Familie ist wie wir der Seidenstraße gefolgt, allerdings ein halbes Jahr lang, mit dem eigenen Auto und bis nach Usbekistan, Tadschikistan, Kirgisistan.

DARUM DIE SEIDENSTRASSE: Wir lieben es einfach, zu reisen, und wollten das für einige Monate mit unseren Kindern tun. Für eine Reise durch Afrika fanden wir die beiden zu jung; dort gibt es zu viele Gesundheitsprobleme. Die Seidenstraße ist nicht nur interessant, sondern auch sehr sicher: keine Kriminalität und keine nennenswerten Gesundheitsrisiken für kleine Kinder.

DAS WAR SCHÖN DARAN, MIT ZWEI KINDERN ZU REISEN: 24 Stunden am Tag mit ihnen zusammen zu sein.

SO REAGIERTEN FREUNDE UND FAMILIE AUF UNSERE PLÄNE: Unsere Freunde waren ausnahmslos begeistert. Nein, keine Einwände, wirklich nicht. In Frankreich macht man sich nicht so große Sorgen um Babys. Die Großmütter waren allerdings nicht begeistert. So sind Großmütter wohl einfach. Sie haben uns dann beide unterwegs besucht und gesehen, wie gut es uns allen ging.

WARUM WIR SOFORT WIEDER AUFBRECHEN WÜRDEN: Kinder passen sich so schnell einer anderen Kultur und anderem Essen an und sie sind so viel widerstandsfähiger, als man denkt. Unsere Söhne haben auf alle Erfahrungen sehr positiv reagiert; Kinder sind eben begeisterungsfähig, auch für Kleinigkeiten.

Reisen mit zwei und mehr Kindern

■ WAS BRINGT EINE FAMILIENREISE ÄLTEREN GESCHWISTERN?

Auch ältere Geschwister können irgendwann nach den ersten Monaten gut einmal eine Auszeit vom Alltagsstress vertragen. Ja, für sie sind nämlich die ersten Monate mit Baby-Bruder oder -Schwester ebenfalls Stress. Sie müssen zwar weder nachts stillen noch ein weinendes Neugeborenes in den Schlaf singen, dafür müssen sie teilen. Die Liebe und die Aufmerksamkeit der Eltern, die sie bislang ganz für sich alleine hatten und die nun auf einen Schlag zur knappen Ressource geworden sind. Mit der Geburt des jüngeren Geschwisterkindes geht die Zeit der Eltern nicht bloß um die Hälfte zurück, sondern noch deutlich mehr. Schließlich braucht das kleine Baby ein wesentlich höheres Maß an Zuwendung als das ältere Kind. Psychologen reden gar vom »Entthronungstrauma«; Hebammenpraxen und Krankenhäuser bieten »Geschwisterschulen« für ältere Kinder an, um sie möglichst schonend auf die Geburt des kleinen Konkurrenten vorzubereiten. Leicht haben es also auch die Erstgeborenen nicht.

Eine gemeinsame Familienreise kann da schon ein kleiner Lichtblick sein. Immerhin müssen die Kinder ihre Eltern jetzt nur noch mit dem jüngeren Geschwisterkind teilen. Und nicht auch noch mit dem Job, der Steuererklärung oder dem Winterreifenaufziehen.

So sehr Eltern sich darum bemühen, ihrem älteren Kind die neue Lebenssituation leichter zu machen, sollten sie aber dabei doch auch das jüngere Kind nicht vergessen. Das geht nämlich ganz schön schnell. Ein US-Forscher hat die Tagesverläufe verschiedener Familien verglichen und errechnet: Zwischen dem vierten und 13. Lebensjahr verbringen Eltern mit dem Erstgeborenen im Schnitt 3000 Stunden mehr an qualitativ hochwertiger Zeit als mit seinen jüngeren Geschwistern. Eine andere Studie stellte fest: Die Wahrscheinlichkeit, geimpft zu werden, sinkt bei jedem Geschwisterkind um 20 bis 30 Prozent. Also bitte auch das jüngere Kind eng in die Vorbereitung der Reise – zum Beispiel in die empfohlenen Impfungen – einplanen.

■ **WARUM STREITEN SICH MEINE KINDER AUF DER REISE?**
Erst einmal zur Beruhigung: Alle Geschwister streiten. Genau 3,5-mal in der Stunde streiten Drei- bis Siebenjährige, so eine Studie

der amerikanischen University of Illinois. Noch häufiger fliegen bei jüngeren Kindern die Fetzen. Zwei- bis vierjährige Geschwister verkrachen sich im Schnitt alle zehn Minuten.

Wenn der Konflikt zwischen den Geschwistern gerade während der Elternzeit-Reise erst so richtig ausbricht, ist das übrigens auch völlig normal. Erst mit etwa neun Monaten beginnt nämlich die wirkliche Rivalität, hat das Max-Planck-Institut für Bildungsforschung herausgefunden. In den ersten Monaten verhalten sich die älteren Kinder dem Baby gegenüber noch »überwiegend positiv«. Danach gibt es plötzlich Zank: Wenn das Baby nämlich mit etwa neun Monaten mehr kann als schlafen, weinen und trinken. Wenn es herausgefunden hat, wie es Erwachsene mit seinem Geschrei zur Aufmerksamkeit zwingen oder mit einem besonders süßen Lächeln um den Finger wickeln kann. Wenn es also zu einem mehr oder weniger vollwertigen Rivalen geworden ist.

Geschwisterliche Rivalität ist übrigens ein Problem der westlichen Länder, in denen Kinder früh miteinander verglichen und gemessen werden. Andernorts ist sie tabu. In etlichen Gemeinschaften Afrikas, Asiens oder der Südsee kümmern sich schon Vierjährige um jüngere Kinder. Und zwar nicht nur um die eigenen Geschwister, sondern auch um andere Kleinkinder im Dorf. Die Begriffe »Bruder« und »Schwester« sind nämlich gerade mal in einem Fünftel der menschlichen Kulturen üblich.

Geschwisterstreit ist aber in der Regel kein Drama, sondern ein ganz gutes Training für den Umgang mit anderen Menschen. So wies die University of Pittsburgh nach, dass die Kinder einer Schulklasse am friedlichsten waren, die zu Hause die besten Konfliktlösungsstrategien trainiert hatten – an ihren Brüdern und Schwestern.

■ WIE HALTE ICH ÄLTERE KINDER AUF EINER REISE BEI LAUNE?

Ältere Kinder haben mehr Ansprüche als Babys. Die Eltern werden als Spielgefährten schnell langweilig, das kleine Baby eh. Mit diesen Ideen haben Familien, die mit zwei Kindern gereist sind, gute Erfahrungen gemacht:

- Nur das allernötigste Spielzeug von zu Hause mitnehmen. Den Rest vor Ort kaufen: in billigen Spielzeugläden oder (wenn es dafür im Ferienhaus den Platz gibt) im Bastelgeschäft. Mit einer Leinwand, Pinseln und Farben können sich ältere Kinder stundenlang kreativ beschäftigen.
- Darauf achten, dass das Kind Kontakt mit Gleichaltrigen bekommt. Auf dem Campingplatz geht das automatisch. Wer als Familie alleine in einem Haus oder einer Wohnung wohnt: Nach örtlichen Sportvereinen oder Malschulen suchen.
- Auch ältere Kinder können ruhig mal eine Weile ohne Spielzeug spielen. Die Eltern müssen ihnen aber genügend Freiheit geben, draußen in der Natur spannendes Alternativspielzeug zu entdecken (einen Staudamm bauen, Holzstücke aufeinanderstapeln, Moos sammeln und in der Sonne trocknen), und wahrscheinlich müssen sie sich auch auf das ein oder andere Rollenspiel einlassen (»Du bist jetzt der böse Wolf und ich bin Rotkäppchen!«).

■ WIE ORGANISIERE ICH EINE REISE MIT ZWILLINGEN?

Mit zwei Babys muss man schon den Alltag zu Hause oft doppelt gut planen. Ein paar Ratschläge für Reisen mit Zwillingen von erfahrenen Mehrlingsmüttern:

Mehr Geld: Den doppelten Elterngeldsatz gibt es leider nicht fürs doppelte Kinderglück, aber immerhin einen Geschwisterzuschlag von pauschal 300 Euro auf das Elterngeld, das Mutter oder Vater zusteht.

Mehr Zeit: Eigentlich gelten für Zwillingseltern die gleichen Regeln wie für Eltern eines einzigen Kindes: Nach der Geburt hat man ein Recht auf drei Jahre Elternzeit. Wer länger aussetzen möchte, kann aber bis zum achten Geburtstag des Kindes zusätzliche zwölf Monate nehmen, und zwar pro Kind. Bei Zwillingen macht das also unterm Strich fünf Jahre, die ihre Eltern in Elternzeit gehen könnten. Womit man sogar beinahe einmal um die Welt wandern könnte…

Mutter-Kind-Kur: Zwillingsmütter werden von den Krankenkassen als besonders belastet eingestuft. Wen wundert es? Damit steigen die Chancen, auf Kassenkosten eine Mutter-Kind-Kur bewilligt zu bekommen. Mehr Informationen zu Kurmöglichkeiten unter: www.mutter-kind.de.

Der Platz im Flieger: Fliegen beide Babys auf dem Schoß ihrer Eltern mit, müssen die in der Regel in verschiedenen Reihen sitzen. Das Problem: Pro Reihe gibt es im Notfall nur eine zusätzliche Sauerstoffmaske (für ein Kind auf dem Schoß etwa). Um als Familie nebeneinander in einer Reihe sitzen zu können, müssen Sie am Flughafen die Airline bitten, ihnen Plätze mit einem freien Nachbarsitz zuzuweisen. Dann gibt es in der Dreierreihe vier Sauerstoffmasken und Sie können beieinanderbleiben.

Buggy für unterwegs: Zwillingswagen sind eine Crux. Besonders leichte Zwillingswagen (zwischen 13 und 15 Kilo) werden bei größeren Babys schnell eng. Bei größeren Wagen hat man allerdings auf der Reise ganz schön zu schleppen (ca. 25 Kilo). Eine Alternative sind Buggys, die nicht nur leichter sind als Kinderwagen sondern auch schmaler. Allerdings lassen sie sich oft nur einmal in sich zusammenschieben und nicht zusammenfalten, bleiben also trotz des leichten Gewichts recht voluminös. Zwillingsmütter empfehlen daher für eine gemeinsame Familienreise: einfach zwei normale Buggys kaufen. Die nehmen am Ende weniger Platz und Gewicht in Anspruch als ein einziger Zwillingsbuggy, und Eltern und Kinder können sich im Urlaub auch mal aufteilen.

Tragen unterwegs: Ein Hersteller von Tragesäcken für Babys hat mittlerweile sogar einen Doppeltragesack für Zwillinge im Angebot: Den »Weego Twin« kann man über die Webseite eines Herstellers bestellen, der auf Zwillingsausstattung spezialisiert ist (www.zwillingsburg.de). Bis zu einem Alter von etwa einem halben Jahr können in diesem Tragesack beide Babys vor dem Bauch getragen werden; außerdem können sie schon ab einem Gewicht von 1600 Gramm in den Sack. Für Eltern von Frühchen, was bei Zwillingen ja nun einmal häufig der Fall ist, also eine ziemlich gute Tragehilfe. Die Doppeltragehilfe gibt es auch in Form eines besonders langen Tragetuches, hergestellt von der Firma »Didymos« (www.didymos.de). Alternativlösungen für den Doppelsack oder das Doppeltuch sind: zwei einzelne Tragesäcke oder -tücher kaufen. Dann trägt jeder Elternteil ein Kind vor der Brust. Mit der Kombination aus einem Tragesack und einem Tragetuch oder von zwei Tragetüchern kann ein Erwachsener auch beide Babys (zum Beispiel seitlich auf den Hüften) gleichzeitig tragen. Da diese verschiedenen Tragevarianten allerdings nicht ganz unkompliziert sind: unbedingt vorher zu Hause ausprobieren, nicht erst auf der Reise! Und gerne eine auf Zwillinge spezialisierte Hebamme oder Trageberaterin um Rat bitten.

Diese Ratschläge stammen von erfahrenen Zwillingsmüttern aus den Mehrlingsforen www.zwillingsforum.de, www.mehralseins.de oder www.zwillingsecke.de. In solchen Foren beantworten sich Mütter untereinander ihre Fragen zu den besonderen Anforderungen mit Zwillingen.

Baby Schah

Nepomuk hatte ein eigenes Kinderzimmer, Wochen bevor er darin einzog. Die alte Kommode und der alte Schrank aus meinem eigenen Kinderzimmer stehen darin. Über der Kommode baumelt ein Mobile aus dem Dutzend Fotos, das ich geschossen hatte, bis irgendwann ein biometrisches Passbild von meinem Baby dabei rumkam. Die Wände sind grün gestrichen, daran kleben Vögel, die ich aus buntem Papier ausgeschnitten habe; die Vorhänge hat meine Mutter genäht und dann hat sie noch ein Schaukelpferd aus Holz von einem Flohmarkt mitgebracht. Mütter und Großmütter lieben eben Kinderzimmer. Kinderzimmer haben etwas Rührendes.

Kinderpaläste auch. Die Paläste der erwachsenen Schahs sind ebenfalls nett. Im Golestan-Palast mitten in der Stadt kann man den legendären Pfauenthron besichtigen. In der Sommerresidenz im Norden von Teheran hat sich der letzte Schah von Persien eine eigene kleine Zahnarztpraxis einrichten lassen. Auf einer Kommode stehen dort Fotos vom Papst, von Nixon und Mao, von Adolf Hitler. Sonst gibt es noch Zimmer, die von der Decke bis zum Boden mit Tausenden von Spiegelstücken bedeckt sind, glitzernde Abendkleider und kleine Hüte von Königin Farah Diba, außerdem Tigerfelle als Bettvorleger. Wie gesagt, alles ganz nett.

Aber was ist ein Tigerfell schon gegen Jack London? Oder ein Abendkleid gegen Jules Verne? »Buffalo Bill« und »Die Schatzinsel«, Bücher mit Titeln wie »Are you my mother?« oder »Do you want to be my friend?« stehen im Regal des Palastes von Reza Pahlavi II, dem ältesten Sohn des letzten persischen Schahs; des letzten persischen Thronfolgers also. Der war gerade 18 Jahre alt, als er zur Ausbildung in die USA geschickt wurde und wegen der Revolution von 1979 nicht mehr zurückkommen durfte. Mit 18 interessiert man sich nicht für Spiegelräume und Diktatorenfotos. Da stellt man sich Abenteuerbücher ins Regal, breitschultrige Heldenfiguren auf die Fensterbank, und an die Wand hängt man sich Bilder von Düsenjets. Rührend.

»Warum sind europäische Eltern immer so schlank und ihre Babys so dick?« Empört starre ich die Museumswärterin an. Die Frage sprengt aber nun wirklich jede Kinderzimmerromantik. Mein Baby – dick? Auf gar keinen Fall. Wohlgenährt, ja. Aber dick, nein, das verbitte ich mir. Die runden Backen und der Bauch, das war ganz schön harte Arbeit. Da sind mir beim Stillen die Haare drüber ausgefallen. Dafür lasse ich mich doch jetzt nicht beschimpfen.

Zum Glück haben wir einen Professor an unserer Seite. Einen Professor für Lebensmitteltechnologie auch noch – einen echten Experten also. Ihn und seine Frau hatten wir in Damaskus am Bahnhof kennengelernt. Sie hatten uns ihre Telefonnummer in Teheran gegeben und gesagt, wir sollten uns melden, wenn wir Probleme hätten, und überhaupt einfach mal zum Abendessen zu ihnen kommen. Damals dachten wir noch, das sei besonders nett und hilfsbereit. Mittlerweile wissen wir: Das ist normal. Zumindest hier im Iran.

Gerade ist er uns jedenfalls keine Hilfe, unser Lebensmittel-Professor. Der verteidigt unseren Sohn nicht einmal. Im Gegenteil:

Der nimmt diese Frau auch noch ernst und erklärt ihr, woran das liegt, dass unser Sohn dick ist (was er wirklich nicht ist!). An unserer Säuglingsmilch nämlich. Da ist so viel Stärke drinnen, sagt der Professor. Die Museumswärterin nickt, ich bin baff: Moment mal. Die waren doch die Bösen, die Zucker und Vanillepulver in

ihre Milch tun und Schokolade in ihren Brei und plötzlich sind wir dran, die auf strengste Bio-schadstofffreie-zuckerarme-ungesalzene-Ernährung achten? Das finde ich jetzt aber ganz schön weit hergeholt.

Abends, beim Essen, erzählen der Professor und seine Frau, dass sie viele Jahre in England gelebt haben und wie spannend es sei, zu sehen, was andere Kulturen alles anders machen. Hmm. Ein bisschen beleidigt bin ich ehrlicherweise immer noch.

Nachdem wir gesehen haben, wie die Schahs lebten, wollen wir uns am nächsten Tag den Palast ihres Nachfolgers anschauen: also die Wohnung von Ayatollah Khomeini. Wir fragen eine Gruppe von Frauen nach dem Weg; sie fahren uns prompt in ihrem Auto hin. Zwei bleiben im Auto, eine begleitet uns bis zur Wohnung, damit wir keine Probleme kriegen. Unser einziges Problem ist die Thermoskanne mit dem heißen Wasser für Nepomuks Milch. Die muss am Eingang bleiben. Auch die Iraner wissen um das Terrorpotenzial von Babys; die leben hier ja nicht hinter dem Mond.

Ayatollah Khomeini hat wahnsinnig bescheiden gelebt. Zumindest wenn man glaubt, dass er tatsächlich in dieser Einzimmerwohnung gehaust hat. Ein Ausziehsofa, ein Perserteppich, ein Gebetshocker und sonst quasi nichts; klar, natürlich. Die Iranerin, die uns begleitet, sieht so aus, als würde sie nicht besonders viel glauben, wenn es um die Führer ihres Landes geht.

Zum Abschied geben uns die Frauen ihre Telefonnummern: Falls wir sonst noch irgendein Problem… Mein Mann und ich versuchen, unser Grinsen zu unterdrücken. Im Iran kann man als Tourist kaum ein Problem haben, beschließen wir. Wenn doch, dann sind gleich fünf Iraner zur Stelle, um es zu lösen.

UNSERE REISE

Sebastian (36) fuhr mit Anne (33) und Thea (11 Monate) sieben Wochen im Camper durch den Norden Kanadas und Alaska.

UNSER REISERHYTHMUS: Zu Beginn hat Thea noch zweimal am Tag geschlafen. Die Zeit haben wir zum Fahren genutzt. Wir haben gelernt: nie mit ausgeruhtem Baby aufbrechen. Bei einer Wanderung hatte Thea dummerweise vorher geschlafen und wollte partout nicht getragen werden. Madame schrie, ihre Eltern führten eine Grundsatzdiskussion, dazu kam noch ein Schwarm Mücken und am Ende wurde die Wanderung abgebrochen.

DAS GEFIEL THEA: Je mehr Dreck sie unter den Fingernägeln hatte, desto besser gefiel es unserer Tochter. Sie ist ein echtes Buschkind geworden. Für Thea ist alles gut, solange sie Tannenzapfen verstecken kann und rennen, rennen, rennen.

SO KLAPPTE DIE ZEITUMSTELLUNG: In den ersten Nächten wurde sie gegen vier Uhr morgens wach. In der fünften Nacht hat sie dafür zum ersten Mal in ihrem Leben durchgeschlafen. Zurück war es schwieriger. In den ersten Nächten turnte sie von halb elf abends bis morgens um drei durchs Bett…

UNSER TIEFPUNKT: Mitten in der Wildnis bekam Thea Fieber: 40 Grad. Zum Glück hatte ein befreundeter Arzt uns eine gute Reiseapotheke zusammengestellt. Der Fiebersaft half ziemlich schnell.

DAS WAR ANDERS ALS FRÜHER: Spätestens als wir in Alaska vor einer Kneipe standen und draußen ein Schild hing: »Heute vorgezogene Weihnachtsparty. Selbst gebrautes Bier!«, schauten wir uns an und wussten: Wir werden nicht dabei sein. Ich war auch überrascht, wie sehr man auf ein entdeckungsfreudiges Kind achten muss. Während man selbst versucht, mal in Ruhe Zeitung zu lesen, hängt sie schon kopfüber in einem alten Fass.

DAS WAR SCHÖNER ALS FRÜHER: Was an Ruhe fehlte, gab's an Spaß zurück. Es war toll, zusammen zu erleben, wie die eigene Tochter die Welt entdeckt. Wie sie sich freut, wenn wir Steine in den See schmeißen, oder wie sie morgens auf dem Campingplatz die Hupe entdeckt. Wie sie plötzlich vor einem steht und in bester Ruhrpottmanier brüllt: Boahhh! Und wie sie »alledei« vor sich hinbrabbelt, weil sie aufgeschnappt hat: Wir gehen jetzt gleich los, »alle drei«.

Mit Baby in die Wildnis

KANN MAN MIT KIND EINE TREKKINGTOUR MACHEN?
Der Fotograf Stefan Rosenboom und seine Frau Susanne sind immer gerne durch die Natur gewandert und geklettert. Als vor sechs Jahren Tochter Silja auf die Welt kam, fragten sie sich: Müssen wir uns jetzt einschränken? Sie haben es ausprobiert und festgestellt: Babys, Kleinkinder und Kindergartenkinder machen Outdoor-Reisen nicht nur mit, sie haben daran sogar großen Spaß. Nach etlichen Bergtouren, Strandwanderungen und einem Trekkingurlaub mit Muli hat Stefan Rosenboom das Fotobuch »Siljas Reisen« über die Reisen mit seiner Tochter veröffentlicht.

IN IHREM BUCH SCHREIBEN SIE: SIE HABEN AUF DIESEN REISEN DIE WELT MIT NEUEN AUGEN ENTDECKT – MIT SILJAS AUGEN. WIE IST SO EINE BERGTOUR MIT KLEINKIND?
Wir reisen schon sehr anders als früher. Wir wollen ja keinen Ego-Trip durchziehen, sondern achten sehr darauf, dass unsere Tochter auch Spaß hat.

WAS MACHT IHR DENN SPASS IN DER NATUR?
Es gibt einfach eine Menge zu entdecken. Gleichzeitig sind die Eindrücke aber sehr reduziert, in der Natur gibt es nicht so eine Reizüberflutung. Alles ist in einem Maße da, dass man es sich in Ruhe anschauen kann. Wir haben unsere Zeltplätze immer so ausgewählt, dass es keine gefährlichen Gewässer oder Tiefen in der Nähe gab. So konnte Silja selbstständig loslaufen und die Gegend erkunden. In der Stadt geht das ja nur bedingt.

LANGWEILT SICH SILJA NICHT ZWISCHENDURCH?
Sie hat große Freude daran, diese ganz alltäglichen Dinge mitzumachen: Zu helfen, das Zelt aufzubauen. Selbst das Wasser filtern. Auch mal Wasser holen oder mit kochen. Sie will sich einbringen können.

SIE HAT NICHT IHR SPIELZEUG VERMISST? ODER ANDERE KINDER?

Darum haben wir uns natürlich Sorgen gemacht. Aber auf so eine Wanderung kann man nicht auch noch Spielzeug mitnehmen, das geht einfach nicht. Sie hat es aber nie vermisst. Im Vergleich zu anderen Kindern ist sie eben eine große Rollenspielerin geworden; sie spielt mehr mit ihrer Fantasie als mit Spielzeug. Da sie Einzelkind ist, müssen wir als Eltern uns sehr intensiv mit ihr beschäftigen. Klar, manchmal fehlt einem da schon auch die Kraft, aber andererseits: Draußen ist man viel näher dran an seinem Kind als zu Hause.

WIESO DAS?

Man ist nicht so abgelenkt. Zu Hause gibt es immer Verpflichtungen. Da lebt man oft mal an seinem Kind vorbei. Wir sind auf unseren Reisen alle drei entspannter. Weil wir Zeit haben. Wir dosieren die Strecke immer bewusst so, dass genug Luft bleibt. Daher reisen wir ja auch mit Zelt und Kocher; wir müssen nicht zu einer bestimmten Uhrzeit bei einer Hütte ankommen. Diesen Druck, zu einer bestimmten Zeit irgendwo sein zu müssen, den wollen wir auf unseren Touren nicht haben. Davon gibt es zu Hause schon genug: pünktlich die Kleine zur Kita bringen, rechtzeitig den Auftrag abliefern, die Verabredung einhalten. Bei unseren Reisen schrauben wir die Vorstellung, in einer gewissen Zeit etwas erreichen zu müssen, völlig zurück. Das tut uns allen gut: Der Kleinen gibt es Raum für ihre Entdeckungen – und mir zum Fotografieren.

MAL GANZ EHRLICH: GEHT MAN SICH NICHT AUF DEN KEKS, WENN MAN WOCHENLANG MIT EINEM DREIMANNZELT UNTERWEGS IST?

Auf zwei Quadratmetern zusammen sein, das ist schon eine Erfahrung als Familie. Klar raucht da mal die Hütte. Aber das Gute ist: Man muss sich bald wieder zusammenraufen. Man kann den Problemen ja nicht aus dem Weg gehen. Abends hockt man ja wieder auf diesem engen Raum zusammen. Meist fühlt es sich aber gar nicht so eng an. Das Zelt steht ja in der Regel in weiten, offenen Landschaften.

HATTE SILJA JE EIN MEDIZINISCHES PROBLEM UNTERWEGS?
Auf keiner Tour war sie krank. Zu Hause, wenn sie in die Kita geht, fängt sie sich viel eher was als in der Natur. Sie hat sich mal das Knie aufgeschlagen. Aber das war's. Allerdings: Neben einem ausführlichen Erste-Hilfe-Set ist es natürlich wichtig, die Touren auf das Kind abzustimmen. Wir überqueren keine gefährlichen Passagen und im Winter meiden wir alle Gebiete mit Lawinengefahr. Silja ist bei der Reiseplanung immer die Messlatte.

SEIT WANN LÄUFT SIE SELBST MIT?
Mit drei Jahren hat sie angefangen, mal ein Stück selbst zu laufen. Da hatten wir aber die Kraxe oder einen Fahrradanhänger immer dabei, damit sie zwischendurch einsteigen konnte. Bei unserer letzten Tour ist sie zum ersten Mal zehn Kilometer am Stück gelaufen. Am Ende war sie natürlich schon geschafft; sie ist ja erst sechs Jahre alt. Aber in dem Fall musste sie einfach: Unser Zelt war gerissen und das Wetter sollte schlecht werden, es gab keine Hütte in der Nähe, wir mussten ins nächste Dorf. In solchen Momenten kann man sein Kind auch mal fordern. Die spüren sehr gut, ob die Hektik gerade angebracht ist oder selbst gemacht. Im Zweifelsfall motivieren auch wir ehrlich gestanden mal mit Gummibärchen…

WELCHE AUSRÜSTUNG BRAUCHT MAN IHRER ERFAHRUNG NACH DRINGEND FÜR EINE TREKKINGTOUR MIT KIND?
Erst einmal: Ausrüstung von sehr guter Qualität. Das Zeug muss möglichst leicht sein, aber auch hervorragend funktionieren. Sie können ja nicht einen Ersatzkocher oder ein zweites Zelt mitschleppen. Wir wollten autark sein, nicht den Druck haben, am Abend eine Hütte erreichen zu müssen. Daher hatten wir alles dabei: ein Zelt, Schlafsäcke für uns drei, einen Kocher, ein Wasserfiltersystem, Proviant für acht bis zehn Tage. Mehr geht nicht vom Gewicht her. Fürs Kind braucht man außerdem gute Fleeceklamotten und vernünftiges Regenzeug.

Kinder bleiben ja nicht einen Tag lang im Zwei-Quadratmeter-Zelt, nur weil es regnet. Wenn man etwas nur einmal dabei hat: unbedingt wasserdicht einpacken!

WIRD ES EINE FORTSETZUNG VON »SILJAS REISEN« GEBEN?
Vielleicht. Wir haben gerade noch mal die Zeit genutzt, bevor Silja in die Schule kommt und an die Ferienzeiten gebunden ist – und sind mit ihr ein halbes Jahr durch Japan gereist. Bei so viel Zeit konnten wir natürlich viel länger an einzelnen Orten verweilen. Das ist auch eine Chance. Bei solchen Reisen ist das einfach der Schlüssel: Zeit.

■ WIE HALTE ICH MÜCKEN FERN?

Das gefährlichste Tier in Afrika ist nicht der Löwe, sondern die Anopheles-Mücke, warnen Ärzte gerne. Sie überträgt Malaria; nicht nur in Afrika, sondern auch in Asien übrigens. Da diese Mücke vor allem in der Dämmerung aktiv ist, sollten Sie sich und Ihr Kind dann besonders vor Stichen schützen. Zum Beispiel so:

Mit einem engmaschigen Moskitonetz: Im optimalen Fall sind Reisebett und Kinderwagen bereits mit einem solchen Netz ausgestattet. Dann entstehen nämlich keine Lücken, durch die doch Mücken hineingelangen könnten.

Mit der richtigen Kleidung: Die sollte hell sein, nicht zu dünn, und möglichst viel vom Körper bedecken. Also auch die Knöchel, die Handgelenke, den Nacken.

Mit Insektensprays: Damit kann nicht nur die Haut geschützt werden, auch Kleidung und Moskitonetz wirken so noch besser. Problematisch ist leider: Nur sehr wenige Insektensprays sind für Babys und Kleinkinder zugelassen. Pyrethrum-Präparate oder Bayrepel dürfen an Kindern ab zwei Jahren benutzt werden. Für Kleinere gibt es Zedernöl und andere natürliche Repellents. Die Universität Mannheim veröffentlicht auf ihrer Webseite eine Übersicht und Bewertung der aktuellen Insektenschutzmittel.

■ WIE SCHÜTZE ICH MEIN KIND VOR BIENEN UND WESPEN?

Im Hoch- und Spätsommer gilt erhöhte Wespenalarmstufe. In dieser Zeit möglichst nicht direkt neben Abfallkörben picknicken oder spielen; dort halten sich besonders viele Wespen auf. Wenn Ihr Kind etwas Süßes isst oder trinkt, möglichst dabeibleiben und ein Auge drauf haben. Danach gleich den Mund mit einem feuchten Tuch abwischen, damit die Wespen nicht vom Essensgeruch angelockt werden. Auf Kleewiesen dem Kind vielleicht doch Schuhe anziehen; es können ja auch offene Sandalen sein.

Nach Stichen hilft es, wenn Sie Zwiebel- oder Apfelscheiben auf die Stelle legen oder etwas zum Kühlen und Salben gegen Insektenstiche auftragen. Stiche im Mund oder Rachen sind sehr gefährlich – sofort einen Arzt suchen. Was gegen ein zu starkes Anschwellen hilft, bis Sie beim Arzt sind: dem Kind einen Eiswürfel zum Lutschen geben.

■ UND WAS MACHE ICH GEGEN ZECKEN?

Erst einmal: nicht allzu viele Sorgen machen. Eine Zecke ist kein Grund, den Urlaub abzubrechen, und noch nicht einmal, beim Kinderarzt oder gar im Krankenhaus vorbeizuschauen. Die meisten Zecken tragen keine Viren oder Bakterien in sich, und selbst wenn sie das tun: Nicht alle von Zecken übertragenen Erreger machen krank. Also die Ruhe bewahren und Schritt für Schritt vorgehen:

Vorbeugung: Helle und lange Kleidung wird empfohlen. Darauf sieht man Zecken besser und der Stoff bietet schon einmal einen gewissen Schutz davor, dass die Viecher sich festbeißen. Da man Zecken in manchen Ländern und Landschaften (Lieblingsgebiete sind: hohes Gras, tiefe Äste, Gebüsch) aber nicht völlig aus dem Weg gehen kann, macht es bei einem Natururlaub mit schon halbwegs eigenständigen (sprich: laufenden) Kindern Sinn, sie abends gezielt nach Zecken abzusuchen. Da Zeckenbisse nicht jucken oder schmerzen, werden sie nämlich oft vom Kind gar nicht bemerkt.

Entfernung von Zecken: Nehmen Sie dafür lieber eine spezielle Zeckenzange als eine normale Pinzette. Die Zange setzt nämlich direkt am Kopf der Zecke an und zerdrückt daher nicht den Körper, wodurch Krankheitserreger noch zusätzlich in die Wunde gelangen. Die Zecke sollte nicht vor dem Herausziehen mit Vaseline, Alkohol oder Öl erstickt werden. Dabei entzündet sich die Wunde auf der Haut schnell, außerdem sondert die Zecke mehr Speichel und damit mehr Erreger ab, da sie in Panik gerät. So ziehen Sie die Zecke heraus: langsam und gerade, also ohne Drehung, wie es oft empfohlen wird. Bei einer Drehung ist die Gefahr groß, dass sich der Kopf vom Körper trennt. Sollte das einmal passieren, ist das allerdings kein Drama. Der Körper reagiert an dieser Stelle mit einer leichten Entzündung und stößt so den kleinen Fremdkörper selbst ab. Sie können versuchen, den Kopf mit einem flachen, harten Gegenstand (zum Beispiel dem Personalausweis) quasi wegzuschaben. Säubern Sie Ihr Werkzeug aber vorher gut mit Wasser und Seife.

Krankheiten: Wie gesagt: Die Wahrscheinlichkeit, nach einem Zeckenbiss schwer zu erkranken, ist selbst in Risikogebieten sehr gering. Sie müssen also nicht wegen der Zecke an sich zum Arzt. Beobachten Sie aber die Bissstelle bei Ihrem Kind noch etwa drei Wochen. Sollte sich darum ein roter Ring bilden, eine sogenannte »Wanderröte«, dann wird es Zeit, doch beim Kinderarzt oder im Krankenhaus vorbeizuschauen.

■ KANN MAN MIT BABY WANDERN?

Auf den Kilimandscharo muss man zwar nicht gerade mit Baby steigen, aber bei allen Wanderungen, die eher die Tendenz zum Spaziergang haben, lautet die Antwort: Selbstverständlich! Raus an die frische Luft, die tut Kindern sogar außerordentlich gut. Der Deutsche Alpenverein rät in seiner Broschüre »Bergsteigen mit Kindern« allerdings, Touren mit Kleinkindern auf maximal drei bis vier Stunden zu begrenzen. Ehrlich gestanden: Länger möchte man selbst nicht laufen, neben dem Gepäck schleppt einer ja immer noch das Kind.

Apropos schleppen: Bei Wanderungen auf befestigten, flachen Wegen kann man oft auch sein Baby in einen gut gefederten Kinderwagen legen. Ob das auf dem konkreten Weg wirklich funktioniert, sollte man allerdings dringend vorher in Erfahrung bringen: beim Alpenverein (www.alpenverein.de), in einem Reiseführer, bei der örtlichen Touristenstelle, bei einem erfahrenen Guide in der Region oder anderen Wanderern, die diese Strecke kennen. Sonst steckt man nachher auf zwei Dritteln der Strecke fest. Buggys taugen bloß zum Spaziergang auf asphaltierten Bürgersteigen. Sie haben viel zu kleine Räder (die sich bei Steinen auf dem Weg schnell verkanten) und eine schlechte bis keine Federung; die lässt man also besser gleich zu Hause stehen.

Geht es doch etwas mehr über Stock und Stein, muss das Baby in eine altersgerechte Tragehilfe. Sobald Kleinkinder alleine stabil sitzen können, kann man sie in die Kraxe auf den eigenen Rücken hieven. Vorher sollten sie vor der Brust der Eltern in einem Tragetuch oder -beutel hängen. Auch wenn Tragebeutel wie Kraxe für Außenstehende oft sehr bequem aussehen: Für Kinder sind sie es nur in Maßen. Schließlich können sie sich selbst nur wenig bewegen. Bei kalten Temperaturen bedeutet das: Kinder kühlen in der Kraxe schnell aus, also unbedingt regelmäßig prüfen, ob dem Kind noch warm genug ist. Am besten macht man das, indem man einen Finger in seinen Nacken legt. Der sollte warm, aber nicht verschwitzt sein. In praller Mittagssonne können Kinder wiederum schnell überhitzen, bis hin zum Sonnenstich. Also unbedingt durch Mütze, UV-Kleidung und Creme vor der Sonne schützen. Egal bei welcher Witterung empfehlen Experten: Einmal pro Stunde sollte man eine kleine Pause einlegen. Damit sich die Kinder außerhalb der Kraxe auch selbst einmal bewegen können.

■ **KANN MAN MIT BABY EINE FAHRRADTOUR MACHEN?**
Das kommt darauf an, wie das Baby reist. In einen Fahrradsitz gehören erst Kinder ab einem Jahr. Ab diesem Alter ist gewährleistet, dass sie stabil über eine längere Zeit sitzen können. Allerdings: Auch dann sind die Erschütterungen für die Wirbelsäule noch sehr stark; außerdem ist das Kind nicht genügend vor der Sonne geschützt.

Anders sieht es dagegen aus, wenn man sein Kind in einen wirklich guten Fahrradanhänger setzen kann. Die haben nicht nur eine Blattfederung, sondern gerade für Kinder unter einem Jahr eine Hängematte, die eingespannt werden kann. Holpert der Anhänger dann doch einmal über Kopfsteinpflaster, Steine oder Bordsteinkanten, wirkt sich das fürs Kind in lustigem Geschaukel aus statt in Wirbelsäulenschäden. Außerdem: Gute Fahrradanhänger funktionieren wie ein Überrollkäfig, falls man doch einmal in einen Autounfall verwickelt werden sollte. Der Anhänger wird vom Auto also lediglich beiseitegeschoben statt überfahren. Unter anderem deswegen haben mittlerweile diverse Studien ergeben: Deutlich sicherer als Fahrradsitze, bei einem Unfall wie auch in Sachen Wirbelsäulenbelastung, sind Anhänger.

Ein Tipp daher für alle Eltern, die sehr gerne und sehr viel Fahrrad fahren: Von Anfang an in einen guten Fahrradanhänger investieren. Das lohnt sich. Da er auch als normaler Kinderwagen genutzt werden kann, ersetzt er nämlich nicht nur einen vergleichbar gut gefederten Wagen, der etwa in der gleichen Preisliga spielt. Er ist außerdem deutlich länger nutzbar: In der gespannten Hängematte können schon Neugeborene hinter dem Rad ihrer Eltern hergezogen werden; erst mit etwa sechs Jahren sind Kinder aus dem Anhänger herausgewachsen. Es gibt sie übrigens als Ein- und Doppelsitzer für Geschwister. Vergleiche aktueller Modelle bietet die »Stiftung Warentest« unter www.test.de.

■ **KANN MAN MIT BABY EINE LANGLAUFTOUR MACHEN?**
Mit der richtigen Ausrüstung: Ja. Richtige Ausrüstung bedeutet einmal, das Baby wie bereits beschrieben ausreichend vor Kälte und seine Augen durch eine Sonnenbrille vor dem grellen Sonnenlicht, das vom Schnee reflektiert wird, zu schützen. Das bedeutet, es außerdem für die Eltern bequem zu transportieren. Wer einen sportlichen Jogger oder Fahrradanhänger als Kinderwagen hat, hat mittlerweile halbwegs gute Chancen, dass der Hersteller auch Sonderequipment anbietet wie Kufen (unter den Rädern) und ein Gestell, das ein Elternteil sich umschnallen und mit dem er den Wagen ziehen kann. Über Schnee und übrigens auch über Sand.

Tulpen in Teheran

Zensur ist widerwärtig und obendrein auch noch entsetzlich langweilig. Für die Erkenntnis braucht man im Teheraner Museum für moderne Kunst keine drei Schritte zu gehen. Wenn nämlich religiöse Zensur auf moderne Kunst trifft, dann kommen dabei bloß Bilder von Blumen raus, außerdem Kalligrafien von Korantexten und einige Miniaturen von Landschaftsszenarien. Puh! Das einzig Spannende ist das Gebäude selbst; das wurde selbstverständlich vor der Revolution von 1979 gebaut.

Wir flüchten ins Freie. In den Laleh-Park gleich hinter dem Museum, den Tulpenpark also.

Ich hätte nicht gedacht, dass es in Teheran Tulpen gibt, sage ich zu meinem Mann, als wir im Gras liegen und hoch in die Baumkronen schauen und in das Grinsen unseres Sohnes, der unsere Bäuche, Beine und Arme für ein Klettergerüst hält. Ich hätte nicht gedacht, dass es in Teheran überhaupt einen Park gibt, antwortet mein Mann. Wir schauen in die Baumkronen und genießen unser Staunen.

Unsere Reise unterliegt auch einer Zensur, merke ich da. Nepomuks Zensur. Museen sind für uns in erster Linie ruhige, klimatisierte Oasen für Nepomuks Nickerchen. Ein Park ist nicht mehr zum Flanieren da, sondern zum Krabbeln. Abends sitzen wir zwar auch mal im Restaurant; noch lustiger finden wir es jedoch, zu Gast bei unserem Lebensmittel-Professor zu sein und zuzuschauen, wie sein fünfjähriger Sohn im Superman-Kostüm durchs Wohnzimmer springt und Nepomuk auf Persisch wilde Geschichten erzählt. Das Kinderzimmer im Schah-Palast ist spannender als der Konferenzraum. Ich bin empörter über die Frage, warum mein Sohn so dick sei, als über die Tatsache, dass ich ein Kopftuch tragen muss. Wir sehen, dass die Frauen hier Röhrenjeans tragen und hohe Absatzschuhe. Noch mehr aber verdutzt mich, dass im Supermarktregal echte Pampers liegen und französischer Obstbrei.

Nepomuk färbt unsere Reise in Pastelltöne. Er beschränkt die Zahl der Museumsbesuche und die Zahl der politisch kritischen Bücher, die wir über unsere Reiseländer lesen könnten. Er bringt die Menschen dazu, uns (um ehrlich zu sein, natürlich ihn) anzulächeln, zuzuwinken, zu streicheln und zu küssen und zu herzen. Das ist die Baby-Kitsch-Zensur. Andere Eltern ziehen ihren Kindern in solchen Zärtlichkeitsstürmen blassblaue Strampler mit plüschigem Teddybärgesicht an. Wir halten die Türkei für die bessere EU, Syrien für einen Delikatessenstaat und den Iran für die Achse der Nächsten- und vor allem Kinderliebe.

Es wird Zeit, den Tulpenpark zu verlassen, zum Hotel zu fahren, zu packen, schnell schlafen zu gehen; morgen früh geht unser Heimflug. Die letzten Meter auf unserer ersten Seidenstraßen-Etappe fahren wir im Taxi. Nein, eigentlich stehen wir, im Stau natürlich. Überall Autos, Fußgänger, Mopeds, Gehupe, Abgase, Presslufthämmern. Das Taxi schiebt sich zentimeterweise vorwärts. Das ist gut so. Das hier ist einfach zu schön, um schnell vorbei zu sein.

Im Radio läuft Musik, orientalischer Bauchtanz meets Disco oder so ähnlich. Wir sind mitten drinnen: im Stau, im Lärm, im

Leben. Die Welt kann so irre groß sein; ja, auch mit Baby. So groß, dass es Herzklopfen macht.

Beim Abschied beugt sich der Taxifahrer vor und angelt ein Amulett von seinem Rückspiegel herunter. Granatrote Perlen, auf einem schlichten grünen Faden aufgereiht; am Ende baumelt ein türkisblauer Anhänger, das Auge Gottes. Der Fahrer zeigt auf den schlafenden Nepomuk.

Reisen unter Baby-Kitsch-Zensur ist eine grandiose Sache.

UNSERE REISE(1)

Die Journalistin und Moderatorin von frau.tv Lisa Ortgies, damals 36 Jahre alt, fuhr während der gemeinsamen Elternzeit mit ihrem Mann und der 10 Monate alten Tochter Merle sechs Wochen mit der Fähre und dem eigenen Auto nach Island.

DAS WAR ANSTRENGEND: Unsere emotionale Rollenverteilung. Bis dahin hatte ich den Großteil der Verantwortung für unsere Tochter gehabt; ich habe mir viel mehr Sorgen um sie gemacht. Da war ein Grundgefühl der Verletzlichkeit und Ängste, die ich vorher gar nicht kannte. Martin hatte das nicht. Der ist oft einfach losgestapft, mit Merle auf dem Rücken, einen Berg oder eine Klippe hoch. Ich stand dann mit Schaum vor dem Mund unten und habe ihm hinterhergeschrien. Ich war richtig entsetzt und dachte: Der nimmt in Kauf, dass unser Kind verletzt wird.

DAS HABEN WIR GELERNT: Wir haben beide Abstriche gemacht. Er hat gemerkt, dass ich oft nicht bloß Angst hatte, sondern wirklich voraussehen konnte, wie Merle in bestimmten Situationen reagiert. Ich habe wiederum festgestellt: Ihr geht es besser, wenn ich mehr auf Abstand gehe und nicht immer ängstlich danebenstehe. Gerade Martins raueren Umgang fand sie nämlich supergut. Nach der Stillzeit und den ersten intensiven Monaten habe ich auf der Reise gelernt, Verantwortung abgeben zu können.

DAS HAT UNS DIE REISE GEBRACHT: Daneben hatten wir aber natürlich viele schöne, exklusive Momente als Familie und auch als Paar. Wenn wir zwei abends vor dem Zelt in Ruhe reden konnten oder auch mal tagsüber auf einer Wanderung, wenn Merle in der Kraxe schlief. Von den Erinnerungen haben wir später lange gezehrt, als wir wieder beide voll im Job waren. Als es nur noch diesen eng getakteten Alltag gab. Da hat man als Paar meist nur noch Zeit für Gespräche über die Organisation des Alltags, für kurze Staffelübergaben. Auf der Reise konnten wir uns in Ruhe über unsere Gefühle und Erfahrungen mit unserer Tochter austauschen.

UNSERE REISE (II)

Fünf Jahre nach Tochter Merle bekam Lisa Ortgies 2007 Sohn Espen. Wieder nahmen sie und ihr Mann gemeinsam Elternzeit und fuhren sechs Wochen lang im Wohnmobil durch den Westen Kanadas.

UNSER FEHLER: Ursprünglich wollten wir sieben Monate weg sein. Aber dann schnurrte die Zeit immer mehr zusammen – durch Umzug, Wohnungsrenovierung, Aufträge, Projektverlängerungen. Wir waren richtig enttäuscht und fühlten uns beinahe bedroht von außen: Wie kann es sein, dass alle uns dazwischenhacken? Wir mussten lernen, unsere Zeit nach außen zu verteidigen. Am Ende blieben sechs Wochen übrig. Wir flogen los; gestresst und kaum vorbereitet.

DAS WAR ANSTRENGEND: Im Nachhinein gesehen: Unser Plan war eine Schnapsidee. In Kanada mussten wir riesige Strecken zurücklegen, die beiden Kinder waren hinten an ihren Sitz gefesselt und fanden das grässlich. Nach wenigen Tagen schon wollte ich meutern, aber Martin war noch ganz im Alltagsstress drinnen: Wir müssen im Zeitplan bleiben und Strecke machen. Wie beim Marathon! Wir lieferten uns vorne Gefechte und von hinten protestierte und weinte Merle – so ein Murks! Erst als ich nach drei Wochen schon nach Rückflügen für mich und den Kleinen gesucht hatte, blieben wir mal zwei Nächte auf einem Campingplatz und haben die Strecke um die Hälfte entschlackt.

SO GEFIEL ES DEN KINDERN: Der Kleine hat ja noch nicht so viel mitbekommen. Für Merle war es oft langweilig. Ich bin über den Campingplatz gelaufen, habe gleichaltrige Kinder zusammengetrommelt, zwischen ihnen übersetzt. Nach einer halben Stunde waren die weg, das war langweilig, Merle spricht ja nur Deutsch. Ich habe mich so über mich selbst geärgert: Wir sind nun einmal keine Spielpartner für sie. Wieso machen wir so eine Reise?

DAS HABEN WIR GELERNT: Nie wieder fahren wir so unvorbereitet in einen Urlaub! Und: Es ist Mist, immer unterwegs zu sein, statt irgendwo zu bleiben, ein Lagerfeuer zu machen und Stockbrot zu grillen.

DAS HAT GEHOLFEN: Unser Humor. Teilweise haben wir uns über uns selbst und die Situation weggeschmissen. Am Ende ging auch noch der Wagen kaputt: Die Alarmanlage sprang ständig an, auch nachts.

Familienreisen – Crashkurs für den Alltag

Die Reise ist zu Ende. Man steht am Flughafen zu Hause, wartet nur noch auf seine Koffer oder Rucksäcke, gleich tritt man durch die Tür und dann ist man wieder zurück. Zurück zu Hause, zurück im Alltag. Und trotzdem ist die Reise nicht wirklich zu Ende. Sie wirkt nach. Die Fotos bringen Exotik ins Babyalbum. Die Erzählungen zieren einen mit einem Abenteurer-Image (»Ihr seid doch die, die …«), sie können sogar den Kinderwunsch im Freundeskreis weiter streuen (»Mit Kind scheint ja doch nicht alles vorbei zu sein«). Die Erinnerungen würzen die hektischen Arbeitstage und auch die Gespräche beim Abendbrot. Und was sich festsetzt, trotz schlimmsten Arbeitsstresses und hektischster Alltagsabsprachen: diese unbändige Freude darüber, als Familie zusammen zu sein.

WAS BRINGT EINEM DIE REISE FÜR DEN ALLTAG ZU HAUSE?
Lisa Ortgies verficht die »emanzipierte Familie«: als Moderatorin bei frau.tv (WDR), eine kurze Zeit lang auch als Chefredakteurin von Emma und als Buchautorin. Sie sagt: Eine Elternzeit-Reise ist wie ein Crashkurs in Sachen Familienalltag.

WAS LERNEN ELTERN DENN IN DIESEM CRASHKURS UNTERWEGS?
Bei Reisen ist alles anstrengender: Es gibt keine Routine, niemanden, der einem mal das Kind abnimmt, keinerlei Unterstützung von außen. Eltern lernen auf der Reise also im Schnellverfahren, was man sich sonst über Jahre zu Hause aneignet. Zum Beispiel eine Lockerheit mit Dingen, die nicht klappen. Selbst wenn mal kein Babybrei da ist oder irgendwelche Klamotten fehlen, sieht man: Das Kind ist trotzdem gesund und glücklich.

SIE PLÄDIEREN JA FÜR EINE EMANZIPIERTE FAMILIE. IST DAS DENN EMANZIPIERT: DIE ELTERNZEIT DES MANNES FÜR EINE REISE ZU NUTZEN UND NICHT DAFÜR, DASS DIE FRAU IM JOB WIEDER VOLL DURCHSTARTEN KANN?
Hmm. Das ist ein zweischneidiges Schwert. Einerseits ist das Einmalige an einer solchen Reise, dass sich die Eltern nicht bloß abwechseln, sondern eine Zeit lang wirklich zu dritt sind. Sich exklusiv als Familie zu erleben, das ist eine Riesenchance. Erst dann erleben Väter wie Mütter ja auch ihr Kind eins zu eins. Zu Hause sind alle immer in einen Terminplan gepresst, denn der Alltag hat eine Struktur, der sich alle anpassen. Auf der Reise ist man als Familie eine Einheit in einer fremden Umgebung. Das schweißt doppelt zusammen, zu dritt nach draußen zu schauen. Andererseits würde ich aber auch raten: Der Vater braucht die Gelegenheit, einen Teil der Elternzeit alleine zu machen. Sonst bleibt nämlich am Ende doch die Mutter die alleinige Expertin.

WAS LERNEN VÄTER DENN ALLEINE IN DER ELTERNZEIT, WAS SIE AUF EINER FAMILIENREISE NICHT LERNEN KÖNNTEN?

Eben alleine zu sein. Alleine diese Nähe zum Kind zu haben, ohne dass irgendjemand dazwischenkommt, nicht einmal die Mutter. Aber auch: alleine zu sein ohne die Möglichkeit, jemanden fragen zu können. So geht es auch der Frau, die ja nach der Geburt fast immer als Erste in Elternzeit geht. Sie wird ins kalte Wasser geworfen; deshalb fühlt sie sich ja auch so oft alleingelassen und überfordert. Zu Recht. Nachdem sie sich das in den ersten Monaten hart erarbeitet hat, ist sie dann irgendwann die Expertin fürs Kind. Meine eigene Erfahrung und auch die von Freunden ist: Sie bleibt das auch auf der gemeinsamen Reise. Da kümmert er sich dann um die Organisation, das nächste Hotelzimmer oder den Campingplatz, er fährt – und sie ist beim Kind. Sie bleibt die Expertin, er der Fragende. Natürlich ist es möglich, auch auf einer Reise die Rollen zu wechseln. Aber ich bin mir sicher: Wenn der Mann auch alleine in Elternzeit geht, hat er mehr davon.

SIE HABEN SICH AUF IHREN ELTERNZEIT-REISEN AUCH VIEL MIT IHREM MANN GESTRITTEN. HAT IHNEN DIE ZEIT ALS PAAR TROTZDEM ETWAS GEBRACHT?

Auch fürs Paar sind solche Reisen ein Crashkurs. Wenn die beiden es nicht schon vorher zu Hause geschafft haben, gute Absprachen über die Arbeitsverteilung zu finden, gibt es spätestens auf der Reise Streit: Wer steht nachts auf, wenn das Baby weint? Wer kümmert sich um was? Dieser Streit ist am Ende aber fast immer positiv, weil man natürlich nicht den Urlaub abbrechen möchte und sich daher auch wieder zusammenrauft und weil die Grundatmosphäre so viel entspannter ist; es gibt ja nicht noch den Job als zusätzlichen Stressfaktor. Bei uns war es trotz der Streitereien so: Die schönen Momente, von denen es ja auch viele gab, haben uns später als Paar überleben lassen, wenn es im Alltag zu Hause hart auf hart kam.

> **WAS MACHT DEN ALLTAG ZU HAUSE SO STRESSIG FÜR FAMILIEN?**
> In der Politik werden viele gute Projekte geplant und umgesetzt. Da wird gerade nachgeholt, was in den letzten 40 Jahren versäumt wurde – allerdings mit Brachialgewalt. Der Druck auf junge Mütter zu völliger Selbstständigkeit erhöht sich, aber gleichzeitig gibt es noch nicht genügend gute Entlastungen. In unserer Gesellschaft gibt es gerade tektonische Plattenverschiebungen und dabei entstehen Reibung, Hitze, Druck. Leider geht der weiterhin zum überwiegenden Teil auf Kosten der Frauen.

■ WAS ERINNERT DAS BABY VON DER REISE?

Wirklich erinnern können wir uns erst, wenn wir Erlebnisse selbst in Worte fassen können. Wenn unser Gehirn so gereift ist, dass es Erinnerungen abspeichern kann, und wenn unser Ich sich entwickelt hat, wir also eine Vorstellung davon haben, wer wir sind. All das ist etwa im Alter von drei Jahren so weit. Aus der frühen Kindheit bleibt also nichts hängen – zumindest nicht an konkreten Erinnerungen. Was wohl bleibt: ein Grundgefühl für diese Zeit. Ob ein Kind sich bei seinen Eltern geborgen gefühlt hat, egal was draußen in der Welt geschah. Ob sie viel mit ihm gelacht, schöne Momente mit ihm verbracht haben.

Mitbrinsel

Habt ihr die Reise gut überstanden? Das fragen uns sehr viele Freunde und Kollegen, als wir zurück sind. Nein, ist meine Antwort. Wir haben nichts überstanden.

Auch wenn kein PEKiP-Kurs in Sicht war und es statt musikalischer Früherziehung Schlager singende Kellner gab. Auch wenn unser Sohn Schokoladenpudding gefüttert bekam, auch wenn seine Backen von den vielen Küssen und Knuffen dicke Hornhautschwielen haben müssten.

Wir haben nichts überstanden. Von unserer Dachterrasse in Istanbul haben wir über den Bosporus und das Goldene Horn geschaut, vom Dach unserer Wohnung in Damaskus auf das Minarett der Umayyad-Moschee. Wir waren im Hamam, im Orientexpress, im Kloster und in einer Kreuzfahrerburg, in einem Museum für iranische Märtyrer und in der ältesten Kirche der Welt. Wir haben kreiselnde Derwische getroffen, lachende syrische Grenzbeamte, Beduinen und Kamele; wir haben gesehen, wie das Kinderzimmer eines Beinahe-Schahs aussieht, und die angebliche Wohnung eines Ayatollahs. Wir haben »Der Imam fiel in Ohnmacht« gegessen und Granatapfelsaft getrunken. Wir haben Hunderte von Fotos und Erinnerungen mit nach Hause gebracht.

Nepomuk hat laufen gelernt in der Altstadt von Damaskus. Er ist durch die Blaue Moschee gekrabbelt, auf der Fähre über den Bosporus getuckert, im Orientexpress gefahren und auf einem Kamel geritten. In Isfahan hat er zum ersten Mal gegen einen Fußball getreten, in Teheran ist er zum ersten Mal alleine eine Treppe hochgekrabbelt. Und wir waren dabei, bei diesen ersten Malen. Wir hatten Zeit, für ihn und mit ihm.

Gut, Nepomuk hatte eine Erkältung unterwegs und einmal einen verbrühten Hintern. Dafür bekam er eine dritte Großmutter und einen neuen Namen. In seinem Kinderzimmer hängt das Amulett, das ihm am letzten Tag in Teheran der Taxifahrer geschenkt hat.

Mein Mann und ich sind zum Team geworden. Und wir haben uns anstecken lassen von dieser unbändigen Freude über und an unserem Kind. Überstanden haben wir wirklich nichts.

An einem Montagmorgen, vier Tage nach unserer Heimkehr, verlasse ich meinen Sohn und meinen Mann. Jetzt müssen sie alleine klarkommen, ich gehe wieder arbeiten, mein Mann ist von nun an erst einmal alleiniger Baby-Beauftragter.

Abenteuer Elternzeit, die nächste Episode. Wenn ich abends aus dem Büro nach Hause komme, ist das Essen fertig und der Tisch gedeckt. Mein Mann erzählt mir von den Abenteuern, die er mit unserem Sohn erlebt. Hier, zu Hause.

Am ersten Tag kauft er im Spielzeugladen einen Ball. Dann beim Metzger eine Handvoll Wiener Würstchen; der Obstbrei bleibt ungeöffnet zu Hause stehen. Meine beiden Männer gehen auf den Spielplatz. »Habt ihr keine Mama?«, fragt eine Dreijährige meinen Mann dort besorgt. »Klar haben wir eine Mama.« »Und wo ist die?« »Sie arbeitet.« »Also habt ihr keine Mama.« Kurze Pause. Dann fragt die Kleine weiter: »Möchtest du einen Kaffee?« »Einen Kaffee? Wie kommst du denn jetzt darauf?« »Meine Mama ist auch manchmal nicht da. Dann trinkt sie einen Kaffee.«

Oder, an einem Wochenende, ein Kampf der (Erziehungs-) Kulturen in einem schicken Beach-Club: Nepomuk läuft auf einen knapp zweijährigen Jungen zu und nimmt ihm dessen Plastikschaufel weg. Der andere spielt friedlich weiter. Bis sein Vater sein iPhone beiseitelegt, aus seinem Liegestuhl aufsteht, sich das blaue Karohemd gerade rückt und Nepomuk die Schaufel wieder abnimmt. Er drückt sie seinem Sohn zurück in die Hand und erteilt ihm eine wichtige Lektion: »Du musst endlich mal lernen, dich durchzusetzen!«

Gegen solche Abenteuer ist die Seidenstraße natürlich die reinste Anfängerpiste. Manchmal läuft die Achse des Bösen eben auch quer über unsere deutschen Spielplätze oder Beach-Clubs. Die wahren Abenteuer finden wohl zu Hause statt. Vielleicht lege ich beim nächsten Kind mein Geld doch in diverse Latte macchiatos an.

Wobei, wenn ich so drüber nachdenke: Irgendwo kribbelt es schon wieder. Unter den Fußsohlen und im Herzen. Dieses ewig nervende Fernweh. Das gibt aber auch echt keine Ruhe.

Nepomuk reist weiter

… und zwar online. Unter www.nepomuksreisen.de werden regelmäßig Tipps und Links fürs Reisen mit Kind aktualisiert. Hier lesen Sie außerdem von Nepomuks neuesten Abenteuern.

Lesetipps

BOHLMANN, S.: *Ein Löffelchen voll Zucker ... und was bitter ist, wird süß! Das Mary-Poppins-Prinzip.* Berlin (Egmont), 2004.

BOTH, D.; EUGSTER, G.: *Stillen gesund & richtig: Gut vorbereitet ins Leben starten.* München (Urban & Fischer), 2008.

HOLODYNSKI, M.: *Emotionen - Entwicklung und Regulation.* Berlin (Springer), 2005.

KIRKILIONIS, E.: *Bindung stärkt: Emotionale Sicherheit für Ihr Kind - der beste Start ins Leben.* München (Kösel), 2008.

KIRKILIONIS, E.: *Ein Baby will getragen sein: Alles über geeignete Tragehilfen und die Vorteile des Tragens.* München (Kösel), 1999.

ORTGIES, L.: *Heimspiel: Plädoyer für die emanzipierte Familie.* München (DVA), 2009.

PAUEN, S.: *Was Babys denken. Eine Geschichte des ersten Lebensjahres.* München (C. H. Beck), 2006.

RENZ-POSTER, H. (U.A.): *Gesundheit für Kinder: Kinderkrankheiten verhüten, erkennen, behandeln.* München (Kösel), 2008.

ROSENBOOM, S.: *Siljas Reisen. Von Mulis, Geierfedern und dem Glück, als Familie unterwegs zu sein.* München (Berg & Tal), 2008.

SANDMEYER, P.; STARK, M.: *Wenn die Seele neue Kraft braucht. Wie aus Urlaub und Freizeit Erholung wird.* Reinbek (Rowohlt), 2000.

TILLMETZ, E.; THEMESSEL, P.: *»Papa hat's aber erlaubt...«: Krisenklassiker im Kindergartenalter. Tipps fürs Eltern-Team.* München (Kösel), 2006.

TILLMETZ, E.; THEMESSEL, P.: *Eltern werden – Partner bleiben: Ein Überlebenshandbuch für Paare mit Nachwuchs.* München (Kösel), 2004.